한국춤, 60년 춤의 궤적

한국춤, 60년 춤의 궤적

초판 1쇄 인쇄일 2022년 1월 20일
초판 1쇄 발행일 2022년 2월 3일

지은이 김운미
펴낸이 양옥매
디자인 표지혜 송다희
교 정 조준경
사 진 최영모

펴낸곳 도서출판 책과나무
출판등록 제2012-000376
주소 서울특별시 마포구 방울내로 79 이노빌딩 302호
대표전화 02.372.1537 **팩스** 02.372.1538
이메일 booknamu2007@naver.com
홈페이지 www.booknamu.com
ISBN 979-11-6752-109-5 (03680)

金雲美

한국춤, 60년 춤의 궤적

역사가 되는 춤과
기억의 머묾 그리고 비움

누구나 세월은 참 빠르다고 얘기를 합니다. 마치 엊그제 같은데도 빛바랜 사진 한 장 한 장을 넘기다 보면 꽤나 긴 시간이 지났음을 실감하게 됩니다. 그리고 아직도 꼼지락하는 손끝의 작은 흥을 보니 그간 춤꾼이자 교육자로 살아온 세월의 속내가 못내 아쉬워 '머묾'으로 잠시 기억을 더듬어 봅니다.

나누고 비우고 머금어 다듬어 가는 교육자로서의 삶이 어느덧 한 자락의 끝에 다다라 잠시 쉴 여유가 생겼습니다. 추억의 빛바랜 움직임을 정리하고 더듬어 보니 그리 짧은 시간도 아니었고, 그런 궤적을 하나로 모은다는 것 또한 결코 쉽지 않은 일입니다. 안무가와 교육자로서 함께 이룬 부단한 노력의 결실이 우리가 함께한 시간이었던 것만으로도 벅차오릅니다.

인생은 춤이 되었고 그간의 결실로 드러난 작품은 역사가 되었습니다. 제 개인의 역사이기도 하고 우리의 역사가 될 흔적이기도 합니다. '멀리 더 멀리'라고 외쳤던 믿음과 열정이 하나하나의 사진에 고스란히 담겨 뭉클한 감동으로 다가오고, 그러기에 함께한 제자와 모든 분들께 감사한 마음이 더합니다.

어머니와 함께한 저의 춤이 자그마한 역사가 되고 저를 이어 갈 제자의 길이 또 다른 역사가 될 것이기에 저는 잠시 멈추고 용기를 주려고 합니다. 그간 모두들 수고 많으셨습니다. 춤을 통해 행복했으며 춤과 함께한 시간여행에서 많은 작품이 하나의 호흡처럼 살아 숨 쉬고 있음을 느낍니다. 저의 부족한 춤길이 작은 빛이 되어 여러분들에게도 나눔의 시간이 되길 바랍니다.

사랑하는 제자들 그리고 춤과 함께한 모든 이들에게 감사의 말씀 올립니다. 이제 저는 기억의 시간에서 비움이라는 용기를 가져 보겠습니다. 또 하나의 춤사위가 그곳에서 마음껏 둥지를 틀도록 모든 것을 내어 주도록 말입니다.

춤과 가는 머묾의 한 자락에서

김운미

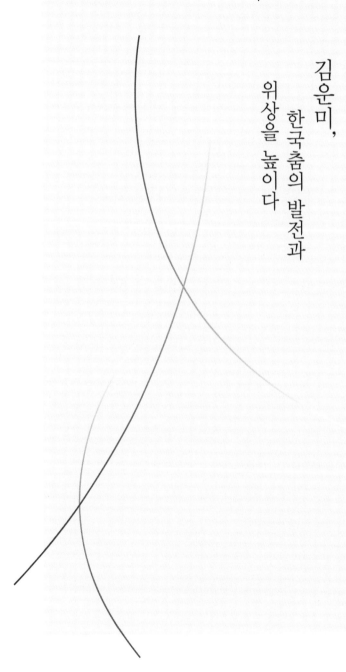

김운미,
한국춤의 발전과
위상을 높이다

우리의 춤을 위해 쉼 없이 한길만을 걸어온 김운미, 그는 한국문화예술의 중심에 서서 폭넓은 예술 활동을 지속해 오며, 한국춤의 가치를 알리는 데 앞장서 온 무용예술인이다. 이 시대를 대표하는 예술인으로서 그는 30년이 넘는 긴 시간 동안 무용창작자로서 활동을 지속해 왔고, 젊은 무용 인재를 발굴하고 육성하는 교육자로서의 활동도 이어 왔다. 여기에서 그치지 않고 한국춤을 위해 다채로운 공연을 통해 역사적인 소재를 탐구해 왔으며, 국내외를 넘나들며 한국춤 연구가로서의 면모도 보여 주었다. 또한 지역사회의 문화 소외계층을 위해 재능기부도 아끼지 않는 실천적 삶을 이어 가고 있다.

김운미는 1993년 쿰댄스컴퍼니를 창단하여 춤꾼을 육성하고 춤안무가와 춤교육자를 배출했으며, 2005년에는 한국 최초로 춤과 테크놀로지를 결합한 융복합 춤 연구소 '우리춤연구소'를 창설하여 당시 생소했던 한국춤의 정량화 연구를 시도했다. 그는 국가주요무형문화재위원, 서울시무형문화재위원, 한국문화예술위원회위원, 한국연구재단전문위원 등을 역임하며 한국춤의 발전과 위상을 높이는 데 기여했다. 나아가 한국춤역사기록학회 초대회장에 취임하여 우리의 춤을 수집하고 기록하고 후대에 전하는 일에도 주력하고 있다. 무엇보다도 한양대학교 예술체육대학 학장을 역임하며 국내외 무용계에서 인정받는 인재를 양성하고 배출하는 교육자로서의 큰 결실을 이루어 냈다. 여기에 머무르지 않고 급변하는 사회가 바라는 미래의 인재를 위해 후학 양성에도 힘쓰고 있다.

한국무용계의 발전을 위해 무용 교육과 공연 활동을 병행하였고 국가주요무형문화재위원, 서울시무형문화재위원, 한국문화예술위원회위원 등 국가 주요기관의 문화행정과 정책 수립에 참여하였다. 문화예술계 현장에서 여러 분야를 연구하며, 다양한 의견을 수렴하고 반영하여 한국춤의 발전과 위상을 높이는 데 기여했다.

2022. 2. 6.
편집부

contents

Part 1

김 운 미 , 춤 을 말 하 다

1

김운미의 삶과 춤

어린 시절부터 춤과 함께한 삶

김운미는 태어날 때부터 춤과 음악을 접했고, 4살에 이미라 무용발표회에 출연했다. 대전 선화초등학교 1학년 시절 대전무용협회 콩쿠르 특상 수상자 자격으로 명동 국립극장에서 각 지역의 수상자들과 공연했다. 그곳에서 박보희 총재에게 발탁되어 제1회 선화무용단(현 리틀엔젤스) 단원으로 춤, 가야금, 노래 등을 배우고 미국 32개 주 공연에 참여했다. 현재도 리틀엔젤스 주요 작품으로 꼽히는 〈시집가는 날〉 제1회 신부 역을 맡아서 호평을 받았다.

대전 여중·여고 시절에는 어머니 이미라 무용발표회의 주요 무용수로 활약하면서 춤으로 충효 사상을 이었고, 전국 민속놀이 경연대회에서 설장고로 개인상도 탔다. 리틀엔젤스 무용단 전신인 선화어린이무용단 초대 멤버로서 충남지부 특상을 수상하였다.

어머니로부터 전수받은 춤에 대한 사명감

무용과 예술철학 그리고 교육에 대한 깊은 사명감. 모두 어머니 이미라 선생으로부터 전수받았다. 나라에 대한 사랑과 애국선열의 삶을 이야기하는 작품관 역시 역사적 사건들에 관심이 많았던 어머니의 영향이 지대했다.

한양대학교에서 무용을 전공하고 서울대학교 석사를 거쳐 '한국 근대교육무용사연구'로 한양대학교에서 박사 학위를 취득함으로써 무용학계의 신진 학자로 이름을 올렸다.

한국 창작춤의 새로운 지평을 열다

1992년도에 한양대학교의 교수로 부임함으로써 한양대와의 소중한 인연은 시작되었다. 1993년 쿰댄스컴퍼니를 창단하여 젊은 춤 작가와 춤꾼, 춤 교육자를 배출하였다.

지난 20여 년 동안 '역사적 문화'와 '여성'이라는 주제에 천착하여 교훈적이고 사실적인 주제들을 우리 춤사위로 풀어내고 형상화하여 한국 창작춤의 새로운 지평을 연 장본인이다.

'여성의 홀로서기'에 대한 한국사적 흐름에 대한 깊은 관심과 통찰은 "여성의 시각에서 우리의 역사를 춤으로 풀어내는" 예술가로 평가받고 있다. 이에 작품의 구체성과 생생한 이미지 전달을 위한 대중적 음악의 파격적인 도입으로 다양한 음악을 춤의 색체로 나타내며, 상황의 빠른 전달을 위한 연극적 요소와 표현들이 무대 위에서 한데 어우러지는 작업 양상을 통해 관객들이 보고 듣기에 즐거운 춤을 지향하고 있다. 이로써 김운미는 "즉흥성과 개방성이 맞물린 동작을 조화롭게 창출하는" 안무가로, 또한 "작품에 있어 분석력과 상황 파악력이 학자답게 정확한" 예술가로 평가받고 있다.

또한 한국무용의 보존과 창의적인 메소드 개발을 중심으로 한 춤에 대한 사랑은 전국대학 최초로 한양대학교 부설 우리춤연구소(2003)를 개설함으로써 우리춤을 다각적으로 발굴하고 익히는 작업을 병행할 수 있는 풍토를 마련하는 초석이 되었다.

한국춤 , 60년 춤의 궤적

2

김운미 대담

'어머니의 눈'으로 우리 역사를 읽고 싶다
대담자: 김운미 VS 이찬주(춤평론가)

이찬주 〈축제 70〉(국립중앙박물관 극장 용) 공연을 올렸다. 간단히 작품 소개를 부탁드린다.

김운미 현재 시점에서 바라보는 광복 70년인데, 대한민국 어머니(들)의 눈으로 본 광복의 의미를
담았다. 말하자면 〈축제 70〉은 '과거를 통해 미래를 꿈꾼다'를 모토로 춤과 영상, 전시가
어우러진 융·복합 프로그램이라고 할 수 있다. 또한 공연과 전시를 결합해 문화 한국 이
미지의 표현을 넘어서 우리 역사에 대한, 춤을 통한 이론적 탐구 과정도 보여 주고 싶었
다. 영상과 춤이 조화를 이루면서 몸이 낼 수 있는 여러 소리를 어떻게 실감 있게 어우러지
게 하는가 하는 것이 관건이었다. 특히 국립중앙박물관이라는 역사가 숨 쉬는 곳에서 '광
복 70주년'의 의미를 담은 무용 공연과 전시를 내보인다는 데 나름 의의가 있다고 여겼다.
개인적으로 이 공연은 병석에 누워 있는 어머니를 위해 후배 무용가로서 올렸다.

이찬주 공연장 로비에서는 어머니인 한국무용가 이미라(李美羅, 1930~) 선생님의 춤과 삶을 조명한
전시가 있었는데, 김 교수님의 진한 효심과 어머니이면서 선배 무용가인 이미라 선생님에
대한 존경하는 마음이 느껴진다. 그런 마음으로 전시를 하게 된 것인가.

김운미 어머니가 2012년 12월에 쓰러지셨다. 그즈음 어머니는 춤 인생을 정리하려는 마음으로 협
회장으로 오랜 활동을 해 오셨던 유네스코 대전·충남협회에서 사진전을 기획 중이셨다.

어머니가 쓰러지신 뒤 나도 정신이 없었다. 그래서 일단 어머니의 자료들을 한양대에 있는 연구실로 옮겨 놓았는데, 복원하기 힘든 비디오 자료를 비롯한 한국무용계 자료가 많이 있어서 무척 놀랐다. 정리 잘하시는 어머니의 성품대로 매 공연마다 여러 장의 작품 사진을 남기셨고, 일부 필요한 사진은 액자를 해 놓으셨다. 예술인으로서 어머니의 자료 공개도 의미 있지만, 어머니께서 활동할 당시 무용계 모습이 생생한 기록으로 관객들과 함께한다는 사실 자체만으로도 의미가 있다고 생각했다.

이찬주 한국춤계에서 이미라 선생님은 지역에서의 꾸준한 활동도 그렇고 무용 교육 측면에서도 한결같은 태도를 보이셨다. 같은 춤꾼으로서, 춤 선생으로서 어머니는 어떤 분이셨나?

김운미 어머니는 홀로 이북에서 내려와 아무 연고 없는 대전(大田)에 정착하셨다. 1958년 충남(현재는 대전시) 제1호 학원으로 '이미라무용연구소'를 인가받은 후 주로 초·중·고 학생을 대상으로 꾸준히 춤을 가르치고 작품 발표도 하시며 지속적으로 무용극을 무대에 올렸다. 어머니는 늘 강인하셨고 성품대로 이순신 장군과 같은 역사적 인물에 관심이 많았다. 〈성웅 이순신〉(1964)을 하면서부터 어머니는 나라가 빨리 부강해지면 통일이 되어 고향도 갈 수 있다는 강한 희망으로 계몽적인 작품을 많이 하셨다. 그러다 보니 〈천추 의열 윤봉길〉, 〈대한의 딸 열사 유관순〉 같은 순국선열을 기리는 무용극뿐만 아니라 〈대지의 불〉 같은 총체적인 역사물도 하셨다.

역사 무용극 이외에도 충남 지역의 여러 '민속놀이 발굴'을 하셨고 백제 문화제(文化祭) 같은 충남 지역축제의 초석을 다지는 데도 앞장서셨다. 움직임을 경시해서 앉은반이 주를 이루었던 충남예술에 활력을 불어넣으면서 기대 이상의 성과를 도출하셨다. '은산별신굿'을 중요무형문화재로 등재시켰고 '아산줄다리기'로는 전국민속예술경연대회 대통령상(1971)을 받았으며 백제의 놀이인 산유화가, 거북놀이 등도 직접 발굴하여 작품화하셨다.

어머니의 수많은 자료들 가운데 이런 자료들도 있어서 어, 정말 의미가 있겠다 싶었다. 예술적·교육적 측면에서 이런 기록은 꼭 남겨야 한다.

이와 같이 무용을 가르치거나 무용극을 만드는 예술가로 활동하신 어머니는 유네스코 대전·충남협회 회장으로 재직하는 1995년부터 교육무용극과 외국어경연대회를 개최하는 등 유네스코의 이념을 극대화시키는 교육·문화·예술 활동 기획에 열정적이셨다.

제가 느끼기에 어머니는 무대에서 춤을 추는 것을 가장 행복해하셨지만, 대전·충남지역의 예술 발전을 위해서 무용교육자로서 예술행정가로서 더 활발히 활동하셨다. 힘이 넘치는 분이었는데 그런 힘은 붓글씨에서도 나타났다. (웃음) 추사체를 좋아하셨던 어머니는 매일 새벽 '무아(無我)', '불심(佛心)', '청화(淸和)', '대의(大義)' 같은 단어를 자주 쓰셨는데 이는 자신의 삶을 강인하게 극복하려는 어머니가 스스로에게 다짐하는 일종의 주문이었던 것 같다.

어머니는 일찍이(1970년대 초) 평생교육에도 관심이 많아서 건강 체조(기체조)를 대전의 기관장급 부인이나 활동적인 사회 여성들을 대상으로 강습하셨고, 다른 한편으론 청소년 학생들을 대상으로 충효사상(忠孝思想)을 바탕으로 한 '맥 찾기' 무용 강습 등을 통해서 춤 교육을 행하셨다.

이찬주 작품 〈축제 70〉 이야기로 다시 돌아가 보자. 「대한민국 어머니의 눈으로 우리의 역사를 돌아보고자 했다」, 「어머니의 혼을 실어서」와 같은 기사들을 읽었고 실제로 공연을 보니 우리나라 근현대사가 이 한 작품 속에 녹아 있는 것 같다. 어떻게 구상하게 되었나?

김운미 어머니가 춤으로 학생들과 함께 역사를 논하고 강인함을 길러 주는 모습이 모티브가 되었다. 지난 역사의 발자취를 통해서 대한민국을 있게 한 힘을 되새기고, 다음 세대가 더 나은 미래를 준비하기 위한 에너지를 생성할 수 있도록 하는 것은 춤 교육자로서 의미 있는 작업이다. 과거와 현대, 사람과 사람의 만남을 통해 서로 협동하고 이해하는 일이 결국 우리가 그토록 바라는 통일의 희망사다리가 아닐까? 이 작품의 안무 의도는 이산의 아픔을 평생 가슴에 품고 산 어머니의 과거와 그분에게서 춤을 배우며 자란 나의 현재가 만나면서 미래를 향한 희망으로 힘찬 발걸음을 내딛자는 데 있었다.

구성 면에서는 일단 한국 근현대사를 주요 사건별로 나눈 십여 개 이야기를 하나로 이은 '옴니버스 형식'을 취했다. 이야기는 8 · 15 경축 행사가 열리는 2015년의 광화문 광장에서 시작되지만, 어느 순간 이순신 장군이 조선을 구하는 임진왜란 때로 되돌아갔다가 명성황후 시해사건, 유관순 열사와 3 · 1 만세운동, 해방, 분단, 산업화 그리고 오늘날의 경쟁시대로 이어진다. 여기에다 영상이 어우러진다.

총 35명의 춤꾼(김운미 쿰무용단)들이 70분간 군무와 남녀 2인무 등으로 현대 문화 한국의 이미지를 표현하고, 거슬러 올라가 임진왜란 당시 이순신 장군의 3대 대첩(한산도 · 명량 · 노량)의 승리, 일제강점기의 암담한 세월을 이겨 내고 맞이한 '광복', 그리고 70년이 지난 '오늘' 등 35명의 무용수가 양손에 든 70개의 촛불로 우리 역사의 '축제'를 그려 보인다.

이찬주 한국창작춤으로서는 상당히 규모가 크고 장면 장면이 스펙터클했다. 어머니가 보셨으면 흐뭇해 하셨겠다. 딸이면서 제자의 공연이니까 말이다. 어머니한테서 춤을 배웠다고 하는데 김 교수님이 춤을 익힌 과정은 어떠했나?

김운미 어머니 덕분에 태어날 때부터 춤과 함께했고 네 살 때는 무용수로 무대에 섰다. 어머니는 무서운 춤 선생님이셨다. 그 덕분인지 나는 초등학교 1학년때 한국무용협회 주최 콩쿠르에서 특상을 받았다. 그때는 한국무용콩쿠르에서 '1등' 하면 명동 국립극장에서 재공연을 하는 식의 시연회를 했었다. 박보희 단장님이 그 자리에서 초대 선화무용단(리틀엔젤스 전신) 단원으로 나를 발탁했다.

내가 고등학교 3학년 때 돌아가신 아버지는 어린 딸을 외국에 절대로 못 보낸다 하셔서 일단 서울에 1년 있으면서 춤은 물론 노래와 가야금을 배웠고 그때 이노연, 홍경희 등과 함께한 후 어머니의 강한 주장으로 미국 공연에 합류했다. 신순심 선생님이 계셨는데 같이 딱딱 맞추는 춤, 요즘 말하는 칼군무 원조 격인 리틀엔젤스 스타일을 배웠다. 선화무용단에서 가장 어린 나이였던 나는 〈시집가는 날〉의 색시 역할을 했다. 그때 했던 춤들은 리틀엔젤스 주요 레퍼토리로 〈부채춤〉, 〈밤길〉이라든지 〈시집가는 날〉, 〈꼭두각시〉 등으로 지금도 이어지고 있다.

선화초등학교(대전) 3학년 때 선화무용단으로 미국 32개주를 다녀오기도 했고 그 후 잠깐 '작은 별'(1961년에 창단된 가톨릭 어린이 예술단)에 어머니의 다른 제자 두 명과 함께 일본도 다녀왔다. 이때 서울의 리라초등학교에 잠깐 적을 두었었고, 이후 다시 대전으로 내려와서 졸업은 중앙초등학교에서 했다.

대학(한양대)에서는 김옥진 교수님 밑에 있었지만 1976년 이후 계속되는 학생데모 여파로 휴교하는 경우가 많았기에 춤을 제대로 배울 수가 없었다. 그러면 나는 늘 어머니가 계신 대전에 가서 춤을 배우고 학생들도 가르쳤다. 결혼을 하고 애를 낳고 한양대학교 박사 과정을 할 때도 늘 어머니의 작품에 출연했다.

물론 다른 분들께도 배웠다. 어머니와 친분이 두터운 송범(1926~2007) 선생님께 스페인 춤을, 양도일(국가무형문화재 제3호 남사당놀이 중 꼭두각시놀음 기예능보유자, 1907~1979) 선생님께 설장구와 12발 상무를, 한영숙(1920~1989) 선생님께 '승무'를 배웠고, 이매방(1927~2015) 선생님께는 내가 교수로 재직하기 직전에 사사받기 시작해서 중요무형문화재 제27호 승무 이수자가 되었다. 그러한 연유로 내 첫 공연의 서막을 이매방류 〈승무〉로 올렸다.

이매방 선생님은 내가 〈승무〉, 〈살풀이춤〉으로 공연의 첫 막을 올릴 때마다 몸이 불편하실 때도 제자들 등에 기대어 앉으신 상태에서 밑장단을 쳐 주시며 춤추는 제자와 소통하셨다. 장단에 실린 선생님의 제자 사랑에 춤이 끝나면 나도 모르게 선생님께 종종걸음으로 가서 감사의 인사를 올리곤 했다. 물론 호남류 전통춤이 익숙하지 않아서 힘들었지만 이매방류 〈승무〉부터 〈살풀이춤〉까지 이매방 선생님의 수많은 다양한 가르침으로부터 그리고 박병천 선생님의 구음과 장단가락을 통해서 호남류의 맛과 멋을 좀 더 가까이할 수 있었다.

이찬주 모녀 2대 무용가가 그냥 나온 것은 아닌가 보다. 창작 활동 면에서 어머니와 딸이 어떻게 활동했는지 함께 살펴보는 것도 의미가 있겠다. 어머니의 초기 활동은 어떠했나.

김운미 앞서 언급했듯 어머니는 백두산에 주둔했던 국군의 위문공연을 가셨다가 6·25가 터지자, 빨리 피하라는 외할머니의 말씀에 일주일 만에 돌아올 예정으로 남한 행 마지막 배를 탄 것이(1·4후퇴) 부모 가족과의 영원한 이별이 되셨다. 거제도, 부산, 마산을 거쳐 대전에 정착한 어머니는 목원대학교와 호수돈여고 교사로서 미용체조와 단전호흡을 가르쳤다. 당시의 미용체조는 자연운동을 지향하는 근대체육과 근대무용혁명에서 비롯된 일종의 건강 체조였다. 최승희연구소의 교사 강습회에 참석해서 장학생으로 〈초립동〉 같은 개인 작품을 최승희 선생님께 직접 전수받을 만큼 춤의 소질뿐만 아니라 춤에 대한 열정이 대단했던 어머니는 춤으로 이야기를 만드는 무용극 작업에 흥미를 느끼셨던 것 같다. 분단 이후 대전에 예술의 뿌리를 내린 어머니 발표회에 송범 선생님은 수회 찬조출연을 하셨고, 이후 한국무용협회장으로 김진걸 선생님도 출연하셨다.

개인무로 어머니 무용발표회에 출연하여 힘을 더하셨던 송범 선생님은 "어떻게 이런 무용극을 생각하셨느냐?"고 말씀하시곤 했다. 송범 선생님 작품이 문학에 바탕을 둔 반면, 어머니는 순국열사를 중심으로 하셨다. 〈유관순 열사〉는 내가 유관순 열사로 공연하기도 했지만, 〈성웅 이순신〉은 내가 아주 어렸을 때부터 공연된 작품이었다. 여러 분야의 예술인들뿐만 아니라 선생님들 정치인, 기업인들도 보러 왔고, 서서 보는 사람도 많을 정도로 초창기에 역사무용극에 대한 열기는 대단했다. 어머니는 박정희 대통령과 김종필 총리가 연극이나 영화보다 훨씬 낫다고 극찬했다며 늘 자랑하셨다.

어머니 옛날 제자들 중 기억나는 분이 있다. 송기천 선생님이라는 여제자인데, 일본 장군 역할을 잘하셨다. 다른 무용수들도 이순신 장군이 모함을 받아서 고초를 당할 때, 마지막 전투에서 장군의 죽음을 알릴 때 등 무대 위에서 맡은 역을 열연했고, 그럴 때면 감성이 극대화되어 초기에는 무용수들이 울면서 공연했다고 들었다. 이어 〈금수강산〉, 〈무궁화꽃〉, 〈열사 유관순〉을 했는데, 초기 유관순 역은 대전의 조광자 선생님이었다. 그분은 〈열사 유관순〉으로 신인예술콩쿠르(1965)에서 3등상을 받았다.

〈이순신 장군〉, 〈열사 유관순〉은 노산 이은상(1903~1982) 선생님께서 대본을 쓰셨고 대본에 따라 어머니는 안무·연출하셨다. 나도 어머니 작품에 늘 출연하다 보니 자연스럽게 역사무용극이 익숙했었다.

이찬주 그러나 실제로 어머니 이미라 선생님이 하셨던 무용극을, 딸인 김 교수님은 거의 하지 않았다. 특별한 이유가 있는가.

김운미 내가 교수로 임용됐을 때는 국·시립무용단 외에는 춤사위계발 차원의 창작무용이 주를 이루었고, 나 자신도 역사무용극을 한다는 생각까진 못했다. 또한 어머니의 무용극에 출연하면서 초능력을 발휘하는 데 너무 지쳐 있었다. 두 시간 가까이 진행되는 작품에서 특정 인원으로 하다 보니 거의 2분 단위로 옷을 갈아입어야 했다. 시장 아낙네의 치마저고리, 일본 기모노, 여학생 짧은 치마, 한국 군졸 옷, 일본 순사 옷뿐만 아니라 바구니, 총, 칼, 부채 등 다양한 소도구와 각 의상에 맞는 머리스타일 등을 계속 변화시키고 갈아입는 자체만으로도 너무 힘이 들었다. 그럼에도 내가 만든 첫 작품은 무용극이었다. 〈孝養坊〉(1989)이라는 작품인데, 심청이를 포인트로 한 게 아니라 아버지 심 봉사를 중심에 두었다. 사실 이러한 연유에서 나의 역사무용극에서 작품의상과 소품은 의상디자이너인 황연희 선생님과 논의해서 작품의 특성을 극대화하면서도 무용수가 가능한 한 한 벌의 옷으로 각 장면에서 변형시킬 수 있게 했다. 선생님의 뛰어난 역사의식과 감각이 더해진 결과 새로운 장면에서 다른 느낌의 의상이 선보였고, 난 최소의 비용과 최소의 무게, 최소의 시간으로 최대의 효과를 창출하는 성과를 얻을 수 있었다.
한양대학교에 1992년 9월에 부임한 후 첫 작품인 〈누구라도 그러하듯이〉(1993)는 연극인 황두진 선생이 연출을 맡았고 서양 작곡을 전공한 강은구 선생이 작곡했다. 줄거리는 아들이면 낳고 딸이면 암암리에 낙태하는 남아선호사상이 팽배했던 사회적 현실을 그린 것이었다. 당시 나도 결혼하고 첫딸을 낳았기에 어떤 소재를 택할까 고민하다가 황 선생의 조언으로 그 작품을 하게 되었다. 시어머니, 며느리, 딸이 등장하는데 딸을 낳은 며느리가 다시 딸을 임신하자 낙태하는 모습을 그렸다.

그 후 연출가인 황두진 선생과 서양 작곡가인 강은구 선생과 같이 이와 같은 무용극 작업을 하면서 줄곧 교육자로서, 예술가로서 어떤 작품이 가장 의미 있을까 생각했다. 그 결과 대중과 호흡할 수 있는 춤으로 어머니 문하에서 어릴 때부터 몸으로 체험했고 '한국근대교육무용사연구'라는 나의 박사논문으로 어느 정도 지적 무장이 된 '되돌아보는 한국의 역사' 무용극이 의미 있다고 생각했다. 그러나 역사적인 사실을 그대로 풀면 아무리 잘해도 영화나 연극처럼 말로 하는 것에는 비교가 안 되었고, 어머니처럼 내레이션을 깔고 하자니 현재의 흐름과 맞지 않는 문제점이 있었다.

이찬주 김운미 교수님의 춤 세계로 본격적으로 들어가 보자. 김 교수님의 춤을 '다큐 댄스(documentary dance, 기록춤)'라고들 부른다.

김운미 춤비평가 김태원 선생님은 내 역사무용극을 그렇게 말씀하셨다.

어머니는 교육적 측면을 강조하셨지만, 무용학과 교수이기도 한 나는 교육자가 선개념임은 분명하나 무용학과 학생들 대부분이 무용예술가를 지향하기에 예술가의 입장을 등한시할 수가 없었다. 결국 나 자신이 교육자로서 그 본분을 지키겠다는 신념은 무대에서 춤출 때 너무 행복했던 나 자신을 잊고 교육자로서 제자들에게 무대를 내주어야 한다는 확고한 다짐으로 이어졌다.

그러나 교수가 된 후, 첫 작품으로 당시 3학년 대학생 제자였던 한혜옥에게 주인공 역할을 하게 가르칠 때부터 예술작품과 예술가로서의 자부심에 대한 번뇌는 상당했고, 나 자신에게 강하게 요구했던 신념이 마구 흔들렸다. 하지만 지금도 나는 창작춤극에서 그 신념을 지키고 있고 그것이 하나의 자부심으로 굳게 자리매김하고 있다.

이렇듯 예술가와 교육가의 '중간자'적 위치에서 역사를 인지하여 무용극을 시작했고 〈조선의 눈보라〉(1996)를 하면서 구체화되었다고 볼 수 있다. 전통춤의 기본 춤사위를 바탕으로 하여 춤과 춤을 연결하면서 만들었다. 내레이션은 넣지 않았다.

1993년 쿰무용단 창단공연부터 지금까지 음악 작업은 작곡가 강은구 선생과만 같이했고, 그렇게 할 수 있었던 것 자체가 내게 큰 행운이다. 강 선생은 작곡자였지만 내 생각을 누구보다도 잘 읽고 바로 음으로 들려줄 수 있는 피아니스트였고, 몸으로 음을 내야 하는 무용수들을 위해서 계속 음을 이해시키는 작업도 병행할 수 있는 교육자였다. 오랜 시간에 걸쳐 강 선생과 서로 음악과 춤을 이야기하면서 어떻게 하면 좋을까 고민했다. 그래서 나온 것이 옴니버스 형식으로 역사를 풀어 보자는 것이었고 그렇게 해서 각 사건을 총체적으로 묶었다.

그렇다면 이걸 통해서 난 무엇을 보여 주고 싶었을까? 교육자로서 내게는 '메시지'가 중요했다. '협동! 단결!' 비폭력적 한풀이! 해방의 염원을 담은 〈1919〉(1999)부터 그 맥을 잡았다. 그렇게 함으로써 기본적으로 여러 장르의 내용을 춤으로 수용할 수 있고, 교육적 메시지도 춤으로써 보여 줄 수 있게 되었다.

그 다음에 이루어진 것이 〈그 한여름〉(2004)이다. 6·25란 무엇이며, 우리한테 주는 메시지는 무엇인가? 이산의 아픔, 그 헤어짐을 만남으로 승화시켜야 하는데, 어떻게 하면 좋은가? 그런 생각 끝에 그 작품이 나왔다.

리틀엔젤스 회관에서 초연했던 〈축제〉(2005)는 〈축제 70〉의 모티브가 된 작품으로, 88올림픽 등 우리 대한민국이 경이롭게 고속 성장한 것을 '마술사'를 등장시켜 비유적으로 표현했다. 리틀엔젤스 회관만이 가능했던 무대 위의 물(水)이 솟는 분수대! 축제는 여러 의미를 내포하고 있지만 나는 의식적으로 정화의 의미를 담았다. 나에게 축제는 미래를 향한 '비움'의 또 다른 정화(淨化)이기도 하기에….

그 후 한국무용제전의 공통주제인 〈신화상생〉이란 작품을 안무하면서 관심의 축이 자연현상으로 옮겨졌다. 계절의 변화, 시간의 흐름, 생로병사 등 우주의 섭리와 인간사의 변화를 결합해 〈신화상생(神話相生) 1·2·3〉으로 풀어냈다.

이찬주 작품의 소재가 초기에는 〈누구라도 그러하듯이〉, 이후 대담 중에 직접 언급되지는 않았지만 〈함 1·2〉와 같이 여성, 페미니즘 쪽이었다가 〈1919〉, 〈그 한여름〉, 〈축제〉 등 역사와 상생이라는 방향으로 크게 변화한 것 같다.

김운미 〈누구라도 그러하듯이〉의 경우는 주위에서 소재를 찾은 것이고 '여성' 문제를 다루었다. 나도 여성이지 않은가. 1990년대만 해도 여자들이 사회생활과 여러 활동을 하는 데 제약이 많았다. 지금은 여자 대통령이 나왔으니 엄청난 변화라고 할 수 있다.

역사라는 소재는 앞서 말한 그대로이고, 〈신화상생〉(2010)은 당시 참가했던 제24회 한국무용제전의 주제가 신화여서 만들게 되었다. 그것을 12지신으로 풀어야겠다는 생각이 들었다. 한양대 학생들이 직접 앞에 앉아서 반주를 했고(타악), 가(歌)만 빼고 악(樂)과 무(舞)가 같이 어우러졌다. 그 장단을 기본으로 해서 만들었다.

이어서 만든 작품이 〈신화상생 – 두 번째 이야기〉(2012)와 〈신화상생-세 번째 이야기〉(2013)이다. 〈신화상생 – 두 번째 이야기〉는 앞의 작품보다는 현재의 사회적 흐름에 맞게 테크놀로지가 많이 가미됐고, 〈2013 신화상생〉은 인터액티브(interactive)하게 영상도 활용했다. 2012년도에는 내 신념대로 직접 춤을 추진 않았지만 제자 무용수를 지키는 마음에서 출연했다. 무대의 네 귀퉁이를 동서남북으로 설정하고 향을 피우고 무대에서 각 방향에서 27배씩 108배를 하며 처음부터 끝까지 무대 위에서 움직였다.

〈신화상생－세 번째 이야기〉은 쿰무용단 창단 20주년 공연이기도 한데, 인간의 삶을 '신화'로 풀어내 거대한 우주와 음양오행의 자연법칙을 통해 인간과 자연이 서로 균형 있게 어우러지는 모습을 상생(相生)과 상극(相剋)으로 그려 낸 작품이었다. 겨울·봄·여름·가을의 흐름을 시각적으로 이미지화해 옴니버스 형식으로 표현했다. 그러면서 무용과 영상 테크놀로지의 융합으로 예술적 시너지를 극대화하고자 했다.

또 그때부터 어렴풋이 〈축제 70〉을 생각하게 되었다. 이번에는 '열쇠(key)'가 유관순, 이순신이었다. 그 두 인물을 모티브로 해서 뭔가 해 볼 수 있겠다 싶었다. 작품을 완성한 그 무렵에 어머니의 자료를 정리하게 되었는데, 놀랍게도 그 두 인물이 등장하는 작품을 이미 어머니가 만드셨다는 사실을 알게 되었다. 〈두 개의 횃불〉이었다.

나는 나대로 유관순, 이순신을 소재로 〈축제 70〉을 만들었다. 순국선열들이 나라가 위기에 처할 때마다 구해 낸 역사적 사례를 모아서 이제는 우리가 꿈꾸는 여러 가지를, 우리 대한민국이 하나가 되어 이룰 수 있지 않겠는가 싶은 간절한 마음에서 비롯되었다. 그래서 〈축제 70〉은 춤과 몸으로 내는 소리와 타악으로만 엮어서 70분 정도의 무용극을 했다.

춤꾼들이 너무 고생을 많이 했다. 왜냐하면 이런 무용극을 처음부터 끝까지 융통성이 강한 전통 타악에 맞춰 춤을 춘다는 것 자체가 상상도 못한 정말 힘든 일이기 때문이다. 승무·살풀이처럼 오랜 시간 연마하면서 음악과 춤이 한 몸이 된 것이 아니지 않은가. 다행히 이번 공연을 통해서 가장 좋았던 것은 학생들이 무용수로 춤을 추면서 학생들 스스로 선열들의 감성을 배우고 느낄 수 있어서 좋았다고들 말한 것이다. 이러한 점이 예전에 내가 했던 무용극보다 의미 있었기에 솔직히 어머니한테 덜 창피했다.

춤을 보는 것인데도 사진이나 그림을 보는 것처럼 명확한 느낌이었다는 게 일반적인 말이었고, 무형문화재 분과위원장 임돈희 동국대 석좌교수의 남편 로저 자넬리(Roger L.Janeli, 미국인디애나 대학교 민속학과 및 동아시아 학과 명예교수)는 '아, 이런 무용극도 2대에 걸쳐서 하니 완성되는구나.' 하는 것을 느꼈다고 말씀해 주셨다. 나로서는 이런 계기를 만들어 주신 어머니께 감사하다. 교육 현장에서 우리 학생들 자체가 본인들이 하면서 "춤을 몇 개 더 배웠습니다."라고 말하는 것보다 본인들이 이 공연에 참여하면서 "아, 그때 당시를 느낄 수 있었다."라고 말할 때 이런 역사무용극을 하는 게 의미 있다는 확신이 들었고 나름 뿌듯했다. 역사를 춤으로 어떻게 풀어 가야 할지 늘 고민한 만큼 나름대로 성과가 있었다고 생각한다. 최근에 보편화된 영상을 비롯한 무대 제작 등 무용 외적인 요소에 너무 의존하는 것은 역사무용극일지라도 한계가 있다고 생각한다. 무용은 살아 있는 사람만이 할 수 있는 유일한 종합예술이기에 온몸으로 의도하는 스토리를 표출하기 위한 다양한 춤사위를 계발하고 시대적 흐름에 편승한 다양한 기법을 동원한다면, 은유적인 표현춤으로 무용극의 성과를 극대화시킬 수 있다고 생각한다.

이찬주 김운미 교수님의 춤 인생에서 어머니란 존재가 과연 지대한 영향을 끼친 존재임을 느끼겠다. 김운미 교수님에게 어머니란 어떤 존재인가.

김운미 대학 다닐 때도 어머니는 매일 전화를 하셨고 무엇인가 느껴지실 때면 "너 목소리가 왜 그러니?" 하며 걱정하셨다. 보통 새벽 4시에 일어나셔서 「천수경」과 「반야심경」을 카세트녹음기로 틀고, 한지에 큰 붓으로 힘 있게 글씨를 쓰신 후 내게 전화하고 힘을 주시는 것으로 하루 일과를 시작하셨다. 지금은 내가 어머니께 아침마다 전화로 "파이팅!", "운미가 엄마 사랑하는 것 알지?", "엄마! 정말정말 감사해!" 한다.

어릴 때부터 어머니는 항상 "넌 잘될 거다.", "잘할 수 있고 잘될 수밖에 없어."라며 자존감을 심어 주셨다. 내게 어머니는 사실상 삶의 지렛대이자 종교 이상이다. 요즘도 나는 어머니와 통화를 하지 않으면 하루를 힘차게 시작할 수가 없다.

Part 2

김운미, 작품을 말하다

1

역사

絶唱

〈흰옷〉・(1995)

〈조선의 눈보라〉・(1996)

〈1919〉・(1999)

〈그 한여름〉・(2005)

〈축제〉・(2005)

〈축제 70〉・(2015)

〈흰옷〉(1995)

한국춤, 60년 춤의 궤적

안무 의도

인간의 삶이란 끊임없이 계속되는 시간의 흐름 속에 놓여 있다. 우리들이 살아가고 있는 현재 역시 '시간'이라는 커다란 바퀴 속을 스쳐 가는 한줄기 바람에 불과한지도 모른다. 그러나 그 바람 속에는 앞서간 수많은 사람들의 피와 땀이 스며들어 있다. 그 속에는 자랑스러운 것도 있고, 굴욕스러운 것도 있을 것이다. 짧은 동안 이나마 우리가 이 땅 위에 살아가면서 다시 진실을 이기할 수 있는 것은 과거의 굴욕스러움을 되새기고 자랑스러움을 본받고자 노력하기 때문이다.

지금은 세기말! 혼돈의 시간 속을 헤쳐 나갈 우리는 앞길을 인도해 주는 등댓불을 가지지 못하였다. 그래서 종교와 민족이 다르다는 이유로 서로 죽고 죽이는 참극을 계속하고 있고, 물질적으로 풍족한 생활을 누리면서도 부족함을 절감한다. 또 수많은 사람들과 함께 살아가면서도 소외감을 어느 때보다도 강하게 느낀다.

그러나 이런 상황일수록 과거를 겸허하게 되돌아보는 자세가 필요하지 않을까? 역사를 가리켜 과거와 현재의 끊임없는 대화라고 말하는 것은 험난한 시대를 살아가는 우리에게 한 점 희망을 던져 줄 등댓불을 과거로부터 찾을 수 있을 것이라는 믿음 때문이다. 이 믿음을 바탕으로 하여 식민지하 독립운동가의 삶을 무용으로 재구성한 것이 바로 이 작품이다.

우리가 과거로부터 배우려고 하는 진실은 민족주의의 의상을 입고 있으면서도 국수주의에 빠지지 않고 지나치게 이념적이지도 않은 것이다. 또 우리는 그 진실을 자랑스럽게 여기면서도 맹목적으로 숭해하거나 찬양하는 태도는 지양하려고 하였다.

가장 민족적인 것이 가장 세계적이라는 평범한 진리가 우리의 정신세계에도 그대로 적용될 것으로 믿으며, 아무쪼록 이 한 편의 작품이 오늘을 살아가는 많은 사람들에게 희미하게나마 빛을 던져 주는 등댓불이 될 수 있기를 바랄 뿐이다.

논리성과 단발적 이미지들

막연한 안무 개념을 갖고 덤벼드는 일이 잦은 우리 무용계에서 김운미의 공연(12월 10일 문화회관대극장)은 계산과 논리라는 보기 드문 미덕을 보여 주었다. 무대에 올려진 두 작품 〈누구라도 그러하듯이〉와 〈흰옷〉은 그러나 동시에 계산과 논리만으로 좋은 작품이 되기는 어렵다는 점도 알게 해 주었다. 그런 의미에서 이번 공연은 학구적인 데가 있다. 그 자신의 안무법도 상당히 학구적인 냄새가 나지만, 보는 쪽에서도 작품 만들기에 대해 많은 생각을 하게 했다는 데 의미가 있다.

1993년 호암아트홀에서 초연됐던 〈누구라도 그러하듯이〉(32분)는 남아 선호가 빚은 여성과 가정의 (나아가서는 사회의) 비극을 묘사하면서 여성의 자아 발견과 가족 간의 유대를 일종의 치유책으로 제시한다.

전통적 사회 인습을 상징하는 듯한 흰옷 차림의 시어머니(이정)가 우리 며느리 아들 낳게 해 달라고 치성드리는 모습과 남편(이승훈)의 다분히 권위주의적으로 보이긴 하지만 그들의 이인무, 사내아이를 기원하는 고추 매단 금줄 아래 한복에 허리끈을 맨 여인들의 군무, 양쪽에 드리워졌던 휘장이 동시에 툭 떨어지면서 등장하는 주인공(한혜옥)의 뒤편으로 지나가는 평상복 차림의 두 딸이 이미 작품의 주제로 남을 만큼 드러내고 있다.

잠시 암전되고 나면 샤막 앞으로 가족들이 천천히 지나가는 속에서 산모는 오른편에 설치된 제법 높은 단에 눕거나 앉아서 낙태의 고통에 진저리친다. 또 딸이었다는 절망, 짙은 녹색 의상의 병원 사람들, 수술기구를 연상시키는 듯 비정해 보이는 네모와 역삼각형의 철체 장식들, 피를 느끼게 하는 붉은 천들의 춤, 적출물을 쓸어 모아 쓰레기통에 주워 담는 청소부의 무덤덤한 동작, 핏빛 주름옷을 입은 여인 군무가 연상시키는 낙태된 생명들. 바닥을 비비고 쓸며 괴로워하다가 어느 순간 일어나 빠르게 변화하는 산모의 춤, 뒷짐 진 남편과 시어머니의 등장. 결국은 마지막, 뒷막에 떠오르는 가족사진만이 주인공의 (여성 일반으로의) 자아 발견과 함께 이 오랜 굴레에서 벗어날 수 있는 유일한 해결책임을 시사하는 것 같다.

이 작품은 남성군무의 힘과 여성군무의 제한되고 수동적인 자태의 대비, 일정한 거리를 유지하면서 추는 부부의 이인무로 사회 인습화된 남녀의 서로 다른 위치를 가시적으로 보여 주는 한편, 단순하지만 상징 효과가 큰 의상(이미현), 다양한 도구와 소품 등을 철저히 활용하고 있다(무대미술 손호성). 확실하게 전달하기 위해서 가장 확실한 방법들을 동원한 셈이다. 황두진의 대본과 무대연출에 힘입어 전체적으로 무대는 무용언어보다는 연극언어에 가까워지면서 메시지 전달로 한결 수월해진다.

한편 현악 6중주로 생연주된 음악(강은구)은 서양 멜로디와 우리 가락의 변형을 넘나들며 이따금 극적인 분위기의 도출을 도왔다.

일제치하, 나라를 구하기 위해 제 몸을 태우다 스러져 간 선열의 모습을 그린 〈흰옷〉(35분)은 무대 장면의 연극적 처리가 앞의 작품보다 더 강렬하다(이 말은 상징 효과가 더 크다는 말이 된다). 이 작품은 대략 여섯 장으로 나뉘어 선열을 위한 넋 달램, 어두웠던 시대 양상과 그를 벗어나기 위한 투쟁, 고통과 죽음, 세상을 떴어도 여전히 민족을 지키고 앞날의 등불이 되어 주는 현재적인 모습을 차례로 그리고 있다.

관(棺)을 향한 검은 의상들의 애도, 국토 멸망을 상징하듯 남녀 무용수 두 쌍이 장방형의 붉은 천 두 장을 교차시키면서 서서히 무대를 잠식해 가는 장면, 이에 저항하는 사인일조(사인일조)의 반복적 등퇴장과 집단무, 붉은 옷을 입고 붉은 부채를 든 일본인들과 흰옷 차림의 한국인들(의상 황현희) 간의 색상대비, 혹은 태극무늬를 등에 부착시키는 것 같은 손쉽고 분명한 상징물을 자주 이용함으로써 때로는 제법 효과를 보이기도 하고 때로는 진부한 느낌이 들기도 한다.

작품을 복합적인 생명체로 탄생시키는 것은 어디까지나 안무자의 작가적 능력(특히 상상력과 그 상상력을 무대공간에 충만하게 피워 올리는 재능)에 달려 있으며 따라서 창작이란 반드시 논리만으로 해결되는 것이 아님을 상기할 필요가 있겠다. 다만 첫머리에 언급했듯, 우리나라 안무가들이 논리가 부족한 점을 생각한다면 김운미의 경우는 바로 그런 점에서 다른 이들에게 일종의 시범을 보여 주었다고 하겠다.

– 이종호, 『춤』 96년 2월호

단순한 구도로 이미지화 - 김운미의 〈흰옷〉

95년 정기공연으로 김운미는 호암아트홀에서 공연했던 〈누구라도 그러하듯이〉와 함께 신작 〈흰옷〉을 공연했다(12월 10일 문예회관대극장). 광복 50주년을 기념해 안무자 나름대로의 소박한 제의같이 느끼게 해 주는 기획이었다.

왜냐하면 젊은 무용가가 굳이 광복 50주년을 맞이한다고 해서 꼭 제상을 차려야 할 특별한 이유도 없을진대(그 많은 기획에 초청을 받는다든지, 정부의 지원금을 받는다는 것이 아닌 이상) 유독 그가 연말에 광복 50주년을 주제로 무대를 만든 것을 보면 진실로 이 문제에 김운미 나름대로의 의식이 뚜렷이 있었던 것이 아닌가 여겨진다. 그래서 무대는 진솔했고, 안무자의 순수한 열정이 그대로 묻어났다.

〈흰옷〉은 일제시대의 참담한 삶을 산 인간군을 그린 것이다. 특별히 주인공이 있는 극무용으로 설정된 것이 아니라 집단의 형식을 띤다. 애도하는 군중, 그들의 회상 속의 장면이 뿌연 안개 속에서 살아난다. 무대는 시종 드라이아이스로 처리되고 흰옷의 한복이 열을 지어 붉은 깃발과 함께 돌진한다.

그들의 상처는 대체로 구체적이다. 중앙에 단을 설정했다. 동상을 제막하는 자리이다. 관객은 30

여 분 계속되는 첼로가 주류를 이루는 실내악 생음악 연주를 따라 격렬한 신음의 현장을 쫓게 된다. 안무자가 설정한 장면은 여섯 개의 큰 장면이다. '님이여, 아침볕의 첫걸음이여', '어두운 죽음의 시대', '얼음 바다의 봄바람', '흔들리는 아미', '눈보라 속을 날아오르는 별꽃송이', '님이여, 가슴속의 숨은 빛이여'. 이것은 스토리의 전개가 아니라 첫 장면부터 끝 장면까지 나란히 즉물적으로 일제하의 고통을 보여 준다.

상황의 전이가 이 무용에서는 중요하지 않다. 그래서 안무자의 설정은 좀 특이한 것이었다. 숨 막히듯 격렬한 동작들이 꼬리에서 꼬리를 무는 수법이다. 반복과 회전, 그 속에서 애국지사들은 죽음을 맞이하지만 어둠을 밝히는 횃불로 살아남는다. 무용수들을 감싸는 천을 비롯해 소도구들은 상황 전이에 큰 몫을 하고 있다.

지극히 단순해서 작품이 될 것 같지 않은 애국지사의 참사 내용을 김운미는 단순한 구도로 이미지화시키고 있다. 전 출연진의 흰옷과 천들, 그리고 안개…. 이런 것만으로의 이미지화였다.

- 김경애, 『춤』96년 3월호

수긍할 만한 개성들 - 김운미의 두 작품 현악 6중주 주효했다

〈누구라도 그러하듯이〉는 김운미의 구작인데 뒤늦게 관람할 수 있었다(12월 10일 문예회관대극장). 남존여비 사상이 관습화되었던 옛날보다 지금은 여성의 지위를 위시한 남녀평등권이 월등히 향상되었지만, 그래도 여성의 굴레는 남성들의 우월권을 능가하지 못한다.

이 작품에서 귀중한 생명의 잉태를 지지당해야만 하는 여성비하의 주제는 여아를 분만했다는 고루한 폐습에 의해 탯줄이 갈기갈기 찢기는 장면, 산모의 고뇌(한혜옥의 열연), 춤 서두 신령에게 기도 드리는 이정의 솔로, 이승훈의 가부장적인 연기가 고루 갖추어져 있다. 김운미 무용단에서 한혜옥의 존재는 〈흰옷〉 군무에서도 두드러졌듯 가냘픈 꽃이긴 하지만 내일의 성장을 내다보이게 했다.

김운미의 안무는 방황하던 한혜옥이 가족 품으로 돌아오는 스냅 한 장(깔끔하게 마무리한 숏트 컷 처리)도 여운을 남기지만, 갖은 수모를 당하는 침상 위에서의 흐느낌 등 한혜옥의 절망적 솔로가 보여주듯 극적 구성력을 내포한다.

그러나 가족과의 갈등에서 배타적인 이승훈과의 냉랭한 기류는 춤의 앙상블이 튀고 있다. 무엇보다 김운미의 두 작품은 현악 6중주 실연(바이올린, 콘트라베이스부터 피아노 독주까지)이 호감이 간다. 〈누구라도 그러하듯이〉에서 6중주 연주가 더 어필했는데, 굴레에서 벗어나기 위한 주인공의 방황에서 피아노(포르테) 독주는 주효했다.

극성이 강했던 〈누구라도 그러하듯이〉에 비해 일제치하 애국지사의 죽음을 다룬 〈흰옷〉은 레퀴엠에 해당된다. 관(棺)을 전송하는 첫 장의 검은 의상, 피비린내 나는 일제의 만행을 몸 하나로 응징하는 백의(白衣)의 대비, 나라 잃은 설움을 상징하는 침묵의 시위(두 공주가 좌우 무대 밑에서 솟아오르는⋯), 그 밖에 요령 3인무, 피로 물들어 가는 흰옷(백성들)들의 항쟁의 춤과 독립지사를 추모하는 동상 세막식 이후 조등은 역사의 비극을 4중주, 6중주가 선도(先導)한다. 한국무용에서 현악 6중주 활용은 보기 드문 상례를 남겼다.

– 김영태, 『무용예술』 96년

<조선의 눈보라〉(1996)

안무 의도

20세기를 대표하는 사상은 민족주의다. 사상의 시대가 가고, 민주주의와 경쟁의 시대에서 우리들에게 필요한 것은 우리를 하나로 엮어 주는 정신적인 끈이다. 이 끈이 곧 민족정신이고 이 정신으로 뭉쳐질 때 삶의 의욕이 생겨 희망찬 내일을 꿈꿀 수 있을 것이다. 다른 한편으로 이 정신은 세계화를 지향하는 우리 백의민족이 지닌 가장 강력한 힘이며, 이 힘을 바탕으로 할 때 우리는 세계 속에 우뚝 선 통일 조국을 이룩할 수 있을 것이다.

그러나 이 정신은 결코 우리 민족이 최고라는 민족우월주의나 다른 민족을 배타시하는 자민족중심주의로 흘러서는 안 될 것이다. 민족주의란 입으로만 애국을 높이 외친다고 해서 확립되는 것도 아니고 민족적 영웅만을 맹목적으로 숭배한다고 해서 배양되는 것도 아니다. 오히려 일신의 안녕을 돌보지 않고 민족을 위해 묵묵히 자신의 일에 최선을 다하고 나아가 자신의 몸을 희생한 많은 분들을 통해서 우리는 올바른 민족정신을 배울 수 있을 것이다.

이 작품에서도 매서운 채찍 같은 식민지 시대를 살아가면서도 결코 절망하지 않았던 수많은 백의민족을 통해 오늘을 살아가는 삶의 횃불을 밝혀 보고자 하였다. 하늘로 날아올라 숭고한 별로 승화된 그분들의 삶이 21세기를 목전에 둔 우리들의 혼돈된 정신을 바로잡아 주기를 바라면서 이 공연을 준비하였다.

작품 줄거리

일제치하의 암담했던 상황 속에서도 나라의 독립을 위해 자신의 목숨을 아끼지 않은 한 무명의 애국지사가 최후를 맞이하고, 많은 사람들이 그를 애도하는 가운데 과거가 회상된다.

우리 백의민족은 이 땅에서 서로 도우며 평화롭게 살고 있었다. 그러던 중 일본 제국주의에 의한 침탈이 시작되고 백의민족은 일제하에서 암흑의 구렁텅이로 빠져들게 된다. 그리하여 사람들은 커다란 비애와 좌절감을 안은 채 슬픔의 나날을 살아간다. 하지만 언제까지나 억압 속에서 살아갈 수는 없었기에 압제에 항거한 저항운동이 전개되고, 결국 독립을 선언하기에 이른다. 온 민족이 궐기한 저항의 물결을 잠재우기 위해 탄압을 시작, 애국지사들을 체포하고 모진고문을 자행하지만 그들의 의지를 조금도 좌절시키지 못한다.

그처럼 혹독한 고문을 받고서도 굴복하지 않은 지사들은 끝내 형장의 이슬로 사라지는 운명에 처하게 되는데, 비록 그 육신은 죽음을 맞이하지만 그들의 고귀한 영혼은 시대의 어둠을 밝히는 횃불로서 영원히 밝게 빛나고 있다. 살아남은 사람들은 애국지사의 뜻을 기려 동상을 제막하고 그 앞에서 묵념을 올린다. 결국 이러한 애국지사의 삶을 통해 그의 정신이 오늘을 살아가는 우리의 가슴속 어딘가에 여전히 남아 있다는 사실을 부각시키려는 것이 이 작품의 중심 내용이다.

1. 눈이 내린다

이 땅에 살다간 수천억의 영혼들! 그들의 일생이 한 점 눈송이로 응결되어 하늘에서 땅까지 이어진다.

2. 짓밟는 자와 짓밟힌 자

매서운 채찍을 획획대며 이 땅을 집어삼키려고 울부짖는 짐승 떼들. 어떤 시련 속에서도 절망하지 않았던 우리 민족!

3. 빼앗긴 들에도 봄은 오는가

굶주린 짐승들이 둘러싼 감옥 속에 우리들에게 겨울은 너무도 길다.

4. 민족의 분노

눈이여! 내리는 것으로 그치지 말라. 반드시 이 강토를 휩쓸고 있는 들짐승을 몰아낼 만큼 세찬 눈보라가 되어야 한다.

5. 별들은 탄다

눈보라 속에서 자유와 독립을 찾아 훨훨 하늘을 날아가는 우리의 별꽃송이들!

6. 님이여, 가슴속의 숨은 빛이여

독립을 위해 죽은 그들의 피가 세계화라는 거센 물결 속에서 21세기를 목전에 두고 있는 우리들에게 다시금 이 나라의 민족혼을 일깨운다.

김운미 창작춤 〈조선의 눈보라〉, 역사적인 소재가 갖는 시의성

서울특별시 문화예술진흥기금 지원으로 이루어진 김운미의 춤(8월 20일 국립극장 소극장) 공연은 1부 우리춤과 2부 창작춤으로 구성되었다.

요즈음 전통과 창작춤이 각기 분리되어 공연되는 경향과는 달리 이번 공연에서는 두 가지를 다 보여 주고자 했다. 전통으로부터 창작이 발전되어 나오는 것이지만 누구라도 두 가지 모두를 잘하기는 힘든 것 같다. 전통춤에 있어서도 자신에게 맞는 스타일의 춤을 고유한 레퍼토리로 하나쯤 갖는 것도 바람직하다.

첫 순서는 '승무'. 자신이 직접 춘 승무에서 김운미는 그의 호방한 기질이 잘 드러나는 춤매를 보여 주었다. 힘찬 장삼의 뿌림새나 시원시원한 공간 이동 등은 전통춤 이수자답게 무대를 꽉 메우는 안정감과 중량감을 느끼게 해 주었다.

오늘날의 감각을 보자면 약간 신파시대를 연상케 하는 어감을 지닌 '조선'이란 단어를 사용해 이번 공연의 타이틀로 삼은 〈조선의 눈보라〉란 제목은 신무용시대의 작품 제목과 크게 다를 바 없다. 그러나 작품 구성에 있어서는 지극히 복합적인 구성과 현대적인 어법을 구사하고 있다.

우리 민족의 수난사를 상세히 서술적으로 나열하고 있는 이 작품은 전체를 6장으로 나누어 숨 쉴 틈 없이 온갖 장치와 소품과 구도 등을 총동원해 정신없이 끌어감으로써 자칫 지루해지기 쉬운 이야기 전개식의 주제를 역동감 있게 풀어 간다.

여러 가지 안무 구도의 활용과 다양한 소품의 사용, 무대장치의 전환과 현란한 의상의 변화 등이 안무자가 이 작품을 위해 충실히 사전연구를 많이 했음을 알 수 있게 해 준다. 그러나 눈이 아찔할 정도의 다양성은 압축과 상징적 처리를 통해 전체 구성과 움직임이 간결하게 정리하는 것이 통일감을 줄 수 있어 더욱 나으리라 생각된다.

그러나 이 작품에서 주목하고 싶은 것은 안무자가 전통춤 이수자라서 그런지는 몰라도 표현적인 움직임의 개발에서 한국춤의 춤사위를 벗어나지 않았다는 점이다. 오늘날 한국 창작무용 공연장에서 곧잘 볼 수 있는 부토나 아방가르드적인 기이한 움직임이나 분장 등을 볼 수 없어 다행이었다.

한국창작무용이 한국현대무용과 다른 점은 각기 다른 테크닉 전통에 기초한다는 것뿐이다. 물론 이러한 용어의 구분에 대해 논란의 여지도 있지만 분류상의 비교에서는 그러한 차이가 있다. 따라서 자신의 작품이 어떻든 한국춤의 전통 속에 속하는 것이라 생각한다면 우리의 움직임의 멋과 맛, 그리고 어법을 사용해야 한다. 더욱 중요한 것은 우리춤의 정신과 표현적 한계 혹은 특징을 인식하고 있어야 한다는 것이다. 그러한 것을 모르고 무조건 파격과 외면적인 강렬한 인상만을 추구할 때 그것은 국적 불명의 춤이 될 것이다.

— 김말복, 『객석』96년 9월호

〈1919〉(1999)

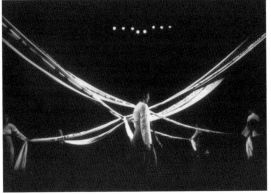

안무 의도

1919년의 사건을 옴니버스 형식으로 서술하되, 3·1만세운동을 태극에 상징적으로 이념에 대입시켜 오늘날의 입장으로 보고자 했다. 특히 단결된 민중의 강한 힘을 직설적으로 표현하거나 그 의미를 부각시키려는 의도보다는, 편안하게 춤 자체를 즐기면서 그 힘을 이미지로 느낄 수 있도록 구성하였다. 이를 위해 FREE JAZZ 형식의 음악을 배경으로 깔았으며, 우리 고유의 춤사위를 바탕으로 하되 표현 방식에서는 최대한 자유를 부여하였다.

작품 줄거리

1. 빼앗긴 들판에서
앉아서 고스란히 남이 되어 버린 우리들. 알지 못해서, 어리석어서, 힘이 없어서 제 땅에서 내몰린 우리들. 뒤늦게 알아차리고 이리저리 뛰어 보나 이미 물 건너간 뒤요 때늦은 후회라.

2. 우리의 오늘은
뜻있는 이들 서로 모여 어쩔거나. 모여도 보고 흩어져도 보고 궁리 끝에, 물방을 모이듯 하나둘 모여든다. 이게 아니라고, 이러면 안 된다고 외치며 가르치며 사람들을 깨운다.

3. 고종의 붕어
하늘이 무너진 듯 마지막 우리의 중심이 쓰러졌다. 그들이 독살했다! 입에서 입으로 번지는 분노,

달리며 하나가 되는 한반도.

4. 타오르는 불길

이제는 더 이상 안 된다. 우리의 깃발을 세워 타오르는 햇볼 높이 올리고, 온몸으로 받아 내는 사람들. 나아가자, 나아가! 더 이상은 없다.

5. 떨어지는 나뭇잎

가진 것이라고는 타는 가슴과 태극기 하나. 힘 앞에 우수수 쓰러지고 무서움으로 밀려가는 사람들. 그래도 나아가 부르고 외치고 날아가는 사람들…. 싸움이 아니라 죄악으로 짓이기고 터뜨리는 고문, 그럴수록 어둠에서 더욱 빛나는 사람들. 제 몸을 던져 모두에게 빛이 되는 그들은 정녕 하늘의 별이어라.

강렬한 춤사위 민초 끈기 표현, 춤·음악 조화… 감정이입 가능

밝은 음빛깔의 생황 선율을 따라 막이 천천히 오른다. 눈을 감으면 20세기 초 만세운동이 불붙던 아스라한 그 시절로 돌아갈 듯한, 골동품이 돼 버린 〈젊은이의 노래〉가 낡은 축음기 소리처럼 흐르고, 갈옷을 입은 민초들이 하나둘 자기 땅에서 유배당한다. 23일 포항 효자아트홀에서 공연된 김운미무용단의 〈1919〉는 이처럼 초반부터 강한 흡인력을 발휘했다.

우리 사물놀이 리듬과 접목된 재즈연주가 점점 강해지고 빨라질수록 설움을 딛고 외연히 일어선 민초들의 하나의 적을 향한 분노는 커져 간다. 가진 것이라고는 타는 가슴과 태극기 하나. 거대한 힘 앞에 밀리고 찢기며 쓰러지지만 그래도 다시 일어서는 사람들. 총칼 앞에 낙엽처럼 떨어져 버린 민초들은 제 몸을 던져 모두에게 빛이 되는 하늘의 별이 된다.

3·1운동을 현대적 시각으로 다시 비춰 본 〈1919〉는 춤과 음악의 조화로 옛것과 지금 것의 접합, 우리 문화와 서구문화의 접목 등 전통을 재해석, 새로운 예술로 승화시킨 작품이었다.

민초들의 강인함과 끈기가 밴 춤사위는 우리 것인가 하면 변형된 것 같고, 변형된 것이 아닌가 하면 결국은 우리네 몸짓이라는 친근함으로 다가와 충분한 감정이입을 가능케 했다.

춤사위가 그랬듯 춤과 동고동락한 음악 역시 마찬가지였다. 신해철이 이끄는 넥스트의 음악과 사물놀이 난장과 크로스오버 연주회를 가진 명창 안숙선의 〈토끼 이야기〉 등 전통가락과 재즈음악이 접목된 음악은 다양하게 응용됐지만, 끝내 우리 춤사위인 것과 같은 감동을 선사했던 것이다.

〈1919〉는 조명과 무대장치를 십분 활용, 춤과 음악이 절묘하게 맞물리는 진한 감동을 선사했으며 고유 춤사위와 변형된 이미지가 공존하는 춤의 세계를 맛보게 했다.

– 김미선, 『신경불일보』99년 5월 25일자

김운미의 춤 〈1919〉 고유의 춤사위를 바탕으로 자유를 표현

'한 여인이 잃어버린 조국을 찾기 위해 피를 흘리고 죽어 간다. 요란한 총소리 후에 이어지는 애절한 음악에 맞춰 여인은 하얀 저고리 속에서 바랜 태극기를 꺼낸다. 그 태극기를 부여잡고 좌우로 율동하며 흐느끼다가 음악이 멈추는 순간에 여인도 동작을 멈춘다.' 전후세대가 기억하는 가장 대표적인 무용이 바로 이런 장면일 것이다.

〈1919〉라는 숫자를 보는 순간 그 장면을 꽤 오랫동안 잊고 살았다는 사실을 깨달았다. 동시에 흰

저고리의 여인을 또 봐야 한다면 상당히 심란할 것 같았다. 무용의 주제에도 유행이 있는 듯하다. 그렇게도 만세를 외치던 무용가들이 요즈음은 현대사회가 싫다는 쪽으로 화제를 돌려 집착하는 듯하다. 당연히 "만세"를 기억하는 사람도 드물다. 이런 상황에 받아든 김운미의 프로그램은 익숙하면서도 생소한 것이다.

〈1919〉 공연장(7월 12~13일 예술의전당 자유소극장)에서 막이 오르는 순간에 들려온 음악이 프리 재즈였다는 것은 프로그램을 읽고 알았다. "세상은 쓰레기통이야."라는 말소리가 곡조에 숨겨져 들릴 듯 말 듯 흘러갈 때 적어도 피 흘리며 죽어 가는 여인은 보지 않아도 되겠다는 예감이 들었다.

무용에서 음악의 중요성

무용에서 음악은 참 중요하다. 이번 김운미의 작품에서처럼 동작과 분위기를 만들어 주는 적극적인 개입이 가능하기 때문이다. 하지만 음악이 주는 즉흥적인 감흥을 충분히 살려 내는가 아닌가는 전적으로 안무자의 역량이자 선천적인 능력에 해당하는 부분이다.

춤동작에 악센트를 달리해서 다른 느낌을 준다거나 새로운 도약법을 순간적으로 포착한 경우를 보면서 일단 안무자에 대한 신뢰가 생겼다. 예를 들면 한국춤의 동작 특징이 점차 상승하다가 마지막에 누름으로 마무리되고 다시 새 박자로 시작하는 것이라면, 김운미는 음악의 분위기에 맞춰 마지막을 뿌려 던지는 것이었다. 이 동작은 아주 단순한 변형에 불과했지만 음악과의 일체감으로 인해 신선한 느낌을 전달했다. 도약에서는 물론 구태에 해당하는 옆으로 다리 벌리며 뛰기나 앞뒤로 다리 벌리며 전진하기 등이 주류를 이루긴 했어도(발레의 '씨손느 아라스공'이나 '그랑즈떼'처럼 보이는 이런 동작들은 다듬어지지 않은 외형 때문에 단순한 눈요깃거리로 보일 위험이 높다) 순전히 음악과 호흡을 같이하며 수직으로 상승하는 동작 등은 아주 새롭게 느껴졌다.

민요와 기타 연주, 때로는 사물놀이와 대사가 어지럽게 섞여 있는 가운데 춤은 아주 차분히 한 장면씩 전개됐다. 항거하는 군상을 지하에서 지상으로 끌어올리는 도입부 부분이 끝나자, 명성황후로 보이는 여인과 그 뒤에서 슬픔을 표시하는 군무진의 행렬이 보였다. 이 연결 과정을 보면서 춤만으로 상황을 전개시키는 데 성공한 한국춤이 정착했다는 확신을 얻었다.

관행이라는 틀 속에 내려온 무용극

무용극이라는 것이 없었던 우리에게 50년대부터 시작된 무용극은 대단히 매력 있는 작업이었다. 소품 나열식의 무용무대에 새롭게 등장한 호흡이 긴 장막의 공연물은 춤의 예술성이 깊어지는 듯한 인식을 남길 정도였다. 하지만 말하지 않고 사건을 묘사해야 하므로 우리 무용극도 서양의 발레처럼 내용이 단순화될 수밖에 없었다.

수십 년이 흐르는 동안 만들어진 작품들은 설상가상으로 소재가 모두 한국의 실화였기 때문에 해가 지날수록 작품 간의 변별력은 점점 힘을 잃어 갔다. 최근에는 외국의 희곡을 끌어온 적도 있었지만, 그동안의 안무 방식에 매어 제대로 소화했다고 보기 어려웠다. 만나서 헤어지거나 아니면 결혼하는 내용이 모든 작품의 공통점이고 이 과정을 설명하기에 급급했던 것이 무용극의 한계였다.

물론 이런 한계는 발레에서 이미 경험한 바 있다. 200년이 넘는 세월 동안 유럽과 러시아에서 만들어진 발레 작품이 얼마나 많았을지는 짐작이 가지만 오늘날에 전해지는 작품은 손가락에 꼽을 정도인 것만 보더라도 그렇다. 이런 예를 보면서도 아직까지 50년대 스타일의 무용극을 계속하는 사람을 보면 화가 난다. 50년의 세월 동안 한국의 대표적인 안무가들이 만들어 낸 무용극보다 더 훌륭한 것을 만들겠느냐는 질문과도 의미가 통한다.

동시에 관행이라는 것이 얼마나 집요한 것인지를 매번 뼈저리게 느끼지 않을 수 없다. 극무용의 틀을 벗어나기 위해 많은 사람들이 고민하고 시도했지만 대부분 약간의 실험정신을 남긴 실패에 그쳤다고 생각한다. 다행히 발레극에서는 서양에서 일어난 개혁을 모델로 할 수 있었다. '베자르'

나 '발란신' 스타일이 그것이다. 발란신이 극적인 것과 추상적인 것을 같이 소화했다면 베자르는 '극이면서 극이 아닌 것'을 성공적으로 연출해 냈다. 임학선의 〈비무장지대에 서서〉 같은 서정적인 감상을 담은 춤들이 발란신 같았다면, 김운미의 〈1919〉는 베자르에 가까웠다. 춤의 장면들이 독립적이면서도 전체적으로는 서로 연관된 구조를 통해 결국은 자신이 원하는 이미지를 열정적으로 주장하는 것이다.

장면 간의 독립성과 춤사위 힘의 균형
간혹 한국춤에서도 이러한 구도가 있었는데, 대부분 연극적인 연출법에 대한 의존도가 높아 춤사위가 턱없이 약해지는 광경을 봤다. 김운미는 장면 간의 독립성을 유지한 것이나 춤사위의 주도적인 힘을 잃지 않은 점에서 균형감을 내보였다.

표현하는 방법에 있어서도 기쁨과 슬픔이 서로 맞물려 공존하는 포용력이 보였다. 흰색 천들이 내려오고 그것을 메이플처럼 엮어 가는 한편 태극기에 조용히 절하는 두 여인이 보이더니 다시 즐거운 한판 놀이로 변했다.

양손에 촛불을 든 여인들이 슬픔의 춤과 희망의 춤을 연결시키는 매개체의 역할을 하면서 무대는 흰색 의상이 휘날리는 다분히 열정적인 광경으로 변했다. 그 열정이 다시 군상들의 고통스런 모습으로 변하더니 결국은 무속적인 제스처로 군상들의 원혼을 달래면서 마무리됐다. 처음의 현실 비판적인 분위기가 반복되어 강한 여운을 남기는 것이었다면 보다 신선한 마무리가 되었겠지만, 제목이 그런 만큼 원혼을 달래는 수순도 안정감은 있었다.

"1919년의 사건을 옴니버스 형식으로 서술하되 … 단결된 민중의 강한 힘을 직설적으로 표현하거나 그 의미를 부각시키려는 의도보다는 편안하게 춤 자체를 즐기면서 그 힘을 이미지로 느낄 수 있도록 구성하였습니다. … 우리 고유의 춤사위를 바탕으로 하되 표현 방식에서는 최대한 자유를 부여하였습니다."라는 안무자의 설명이 작품을 묘사하는 데 보다 명확할 것 같아 인용해 봤다.

이번 김운미의 공연에는 그가 교수직을 맡아 8년 동안 길러 낸 제자들이 총 출연했다. 한양대학교에 한국무용의 뿌리가 생기는 모습이었다. 군무에서 중심인물까지 모두 졸업생이 연기한 기교의 수준도 괄목할 만했다.

– 문애령, 『문화예술』 99년 8월호

작품으로 말한 〈1919〉

7월 12~13일 자유소극장에서 공연된 김운미의 춤 〈1919〉는 그냥 지나칠 수 없는 작품이었다. 학계나 무용계에서 요란한 활동을 벌이지 않는 조용하면서도 학구적인 무용가인 김운미가 〈흰옷〉 (1995)과 〈온달 1997〉(1997) 이후 처음 내놓은 작품인데 '예술가는 작품으로서만 말한다'는 것을 실감시켜 주는 수작이었다.

이 작품의 특징은 우선 템포가 빠르고 다양하며 재미있다는 면에서 관객들이 한국무용에 대해 갖고 있는 단조로운 음악, 느린 템포, 어두운 조명, 답답한 의상, 눕거나 앉아서 혹은 돌아서서 추는 춤 등 일반적인 고정관념을 해소시켜 주었다는 데에서 찾을 수 있다. 이러한 시도는 당대의 춤으로써 관객에게 어필할 수 있는 한국무용의 새로운 가능성을 제시해 줄 수 있다는 면에서 중요한 의미를 갖는다.

13명의 군무진이 함께 춤추기에는 무대가 비좁다는 느낌이 있지만 아래위로 이동하는 무대 중심부와 뒷벽이 대문처럼 열리면서 입체감을 조성해 주는 것으로 좁은 공간 문제를 해소해 주었고, 무엇보다 무용수 모두의 표정과 눈매가 생생하게 살아 움직이고 있는 것이 인상적이었다. 이는 충분한 연습량에 의해서 다져진 무용수들의 균질화된 기량과 깨끗하고 아름다운 외모로부터 자연스럽게 떠오를 수 있는 자신감 때문일 것이다. 춤사위는 간결하면서도 한국무용의 특징적인 춤사위들을 다양하게 보여 주어 마치 발레에서의 '디베르티스망(Divertissiment)'을 보는 것같이 즐거웠다.

다양성은 춤사위나 무용수의 표정에서뿐만 아니라 강은구가 편집한 음악에서도 발견할 수 있었다. 한국무용으로서는 파격적인 강태환의 〈Free jazz〉를 바탕음악으로 사용하고 김덕수의 사물놀이와 농악 등을 배합하여 춤과 연결한 것은 신선하면서도 적절했다. 황연희의 의상도 좋았다. 남녀의 의상이 잘 조화되고 색깔의 대비도 세련되었으며 현대적인 디자인을 채용하면서도 한국적인 질감을 충분히 전달해 주었다. 연출은 황두진이 맡았는데, 일본제국주의의 압제에 맞서서 독립만세를 외친다는 어떻게 보면 고루하고 진부한 '3·1운동'이란 주제를 현대적인 감각으로 새롭게 해석하여 거대한 역사적 사실을 간결하게 압축하고 압축된 장면과 장면을 옴니버스 형식으로 자연스럽게 연결하는 역량이 돋보였다.

독립기념관 벽면에 그려진 인물도를 배경으로 땅속에서 힘차게 솟아오르는 13명 무용수들의 역동적인 피날레는 오랜 민족적 수난과 최근의 경제적 고통에서도 굴하지 않고 다시금 부활하는 강인한 겨레의 힘을 형상화해 준 것으로 긴 여운을 남겨 주었다. 단단한 지성과 신선한 감성으로 관객들에게 커다란 기쁨과 위로를 준 김운미의 춤 〈1919〉가 김운미무용단의 고정 레퍼토리로서 다음에는 더 넓은 무대에 설 수 있기를 기대한다.

– 이근수, 『춤과 사람들』 99년 8월호

성숙하고 안정된 무용수들의 기량, 김운미의 춤 〈1919〉

김운미는 주로 역사의 소재에서 작품의 모티브를 가져온다. 시대의 저항을 주제로 한 작품들을 연속으로 올렸다. 이번 〈1919〉(7월 12~13일, 예술의전당 자유소극장) 역시 이런 범주의 작품이다. 다 알다시피 1919년은 일제에 항거하는 민중 봉기가 일어난 해이다. 이 해를 작품의 제목으로 삼았다. 그것은 확연한 이 작품의 의도와 줄기를 알 수 있게 한다.

작품은 사건 진행별로 네 개의 장면으로 크게 나누어진다. '빼앗긴 들판에서', '우리의 오늘은', '고종의 붕어', '타오르는 불길', '떨어지는 나뭇잎'이라는 좀 진부한 소제목이 붙어 있다. 이런 류의 작품이라면 늘 그렇게 예상할 수 있는 소타이틀이다.

그러나 작품의 형체는 기존의 김운미가 보여 준 색감과는 많이 달라져 있다. 그가 안무 노트에서도 밝혔듯이 "특히 단결된 민중의 강인함을 직설적으로 표현하거나 그 의미를 부각시키려는 의도보다는 편안하게 춤 자체를 즐기면서 그 힘을 이미지로 느낄 수 있도록 구성"했다. 특히 전반부에서 그런 안무자의 의도가 더 명확하게 나타난다. 예술의 전당 자유소극장의 공간은 일종의 실험작품이 가능한 다변형의 공간이다. 이 직사각형의 위에서 내려다보는 무대에 입체적인 출구가 있고, 호리존트를 크게 넓힐 수 있어서 다양한 시각을 연출할 수 있다.

안무자는 전반부 작품의 줄거리에 근거한 메시지보다는 움직임 자체의 실험을 의도했던 것으로 보인다. 잦은걸음의 무표정한 동작들. 그 건조함이, 민중이라고 했을 때 연상되는 열정이나 단합되는 힘과는 대조적인 것이어서 김운미의 브레히트적인 이화(異化)로의 전의를 알게 한다. '빼앗긴 들판'이라고 하지만 무드는 격정적이 아니다. 걸러진 감정의 승화처럼 담백하다.

이번 작품을 빛낸 주역은 무용수들의 안정감이다. 김운미무용단은 그가 한양대에 부임하면서 키워 낸 제자들로 이루어졌는데, 4~5년의 연륜으로 성숙한 무대 운용의 힘을 보여 준다. 과거 무대에서는 안무자의 작품에 파묻히는 이른바 '민중'으로서의 자기표현 이상을 보여 주지 못했었다. 이제 그들이 컸고, 이 무용단의 힘으로 버티게 되었다. 기대해 볼 만하다.

전반부 두 개의 장면이 지나면서 작품은 급류를 타고 변화한다. 고종의 붕어와 더불어 민중의 분노가 표현되는데, 이 격함은 움직임이 크고 역동적이며 무리를 지어 표현된다. 깃발을 연상시키는 선동적인 장치 등으로 앞부분의 정감과는 다른 것이었다. 이 급한 회전이 자칫 작품의 통일성에 문제가 될 수도 있을 정도로 조선 땅의 아픔이 직설적으로 느껴지게 만들어졌다. 상황의 변화에 맞춰 무수히 많은 장면들이 교차된다. 어둠의 시대를 조명하는 서치라이트로서 김운미는 개인의 자의식이 아닌 통합된 민중의 모습을 재현한 것이었다.

– 김경애, 『댄스포럼』 99년 9월호

〈그 한여름〉(2005)

안무 의도

최근 이라크 전쟁을 비롯한 세계 각지에서의 갈등과 분쟁을 바라보면서 신념이나 종교적인 차이로 인한 싸움이 얼마나 어리석은 것인지 새삼 깨닫게 된다. 지난 50년 전 우리에게도 그린 끔찍한 전쟁이 있었고, 그 전쟁에서 수많은 사람들이 육체적으로 또 정신적으로 씻을 수 없는 깊은 상처를 받았다. 민족 간의 전쟁으로 서로 간에 깊은 골을 가진 채 살아올 수밖에 없었던 남과 북, 바야흐로 화해와 협력의 장을 열어 가고 있는 이때에 가무(歌舞)로 한을 풀었던 우리 민족성을 떠올리며 〈그 한여름〉을 되새겨 본다.

이번 공연은 당시의 시대적 상황을 표현하고자 절제된 영상과 조명으로 그 효과를 극대화시켰으며, 또한 당시 우리를 둘러싸고 있었던 열강을 나타내고자 각국의 민속춤과 소리를 과감하게 차용했다. 그래서 우리춤을 바탕으로 하되 표현 방식에 지나친 제한을 두지는 않았고, 스토리 위주의 전달 방식보다는 옴니버스 형태로 춤 자체의 이미지를 통해 메시지를 전달하는 방식에 중점을 두었다.

작품 줄거리

제1장 전쟁은 이제 그만

1. 반전의 촛불
2. 할머니의 치성
3. 가족의 사랑
4. 외국의 침략

5. 침략의 인식

손자를 이라크에 보내게 된 할머니는 전쟁 반대 촛불 집회에 참석하였으나 할머니에게 촛불은 그간 우리 역사에서 전쟁으로 스러진 영혼을 달래는 모습으로 보여 자신도 모르게 손자의 안녕을 기원한다. 모두들 일상으로 돌아왔지만, 할머니는 한국 전쟁에 홀로가 된 자신의 모습과 맞서 싸우며 헤어진 가족들의 모습을 떠올린다. 해방 뒤 어수선했던 시절 나름대로 가족들과 행복했던 소녀 할머니는 새로 유입된 미국과 소련의 문화에 현혹된다.

제2장 전쟁

1. 남침
2. 가족의 이별
3. 전쟁
4. 작은 승리
5. 징집
6. 어머니의 오열
7. 혼돈
8. 가족의 맞선
9. 죽음과 이별

이어 벌어진 한국 전쟁으로 서로가 죽이고 죽고 미워하고 피난 가고 숨고 맞서 싸우고 잡혀 끌려가며 가족은 각각 흩어지고, 겨우 어머니와 막냇동생과 함께 남은 소녀 할머니. 적군 치하, 인민군

모집에 막내가 끌려가자 어머니는 남편을 잃은 슬픔과 아들의 빼앗긴 억울함에 큰 슬픔에 잠긴다. 연합군의 대공세와 중공군의 참전으로 전세는 보합세이나 떠났던 자와 남은 자, 또 돌아온 자가 서로 엉켜 미움과 원한으로 서로 맞선다. 이때 인민군이 된 막내 도망가다가 나를 만난다. 남으라고 잡아채는 나를 뿌리치던 막내. 어쩔 수 없이 서로 맞서게 되나, 어머니의 참견으로 막내는 나를 뿌리치고 도망간다. 말리던 어머니는 쓰러지고, 전쟁으로 가족들 죽고 헤어져 소녀 할머니는 혼자가 된다. 그 많은 주검들을 바라보는 소녀, 할머니로 바뀐다.

제3장 상생과 평화
1. 우리 모두 함께
2. 어머니의 자장가

할머니 그 옛날 가족들을 위해 두드렸던 다듬이 소리에 마음을 담으면 멀리서 영혼을 달래는 요령 소리 들리고, 북 하나 장단을 치며 산 자와 죽은 자 서로 만나 하나로 된다.

〈그 한여름〉 지성인 안무가의 진면목 '앙가주망' 춤을 보다

2005년 2월 20일(일), 예술의 전당 토월극장(4시, 8시. 필자 4시 관람)에서 김운미의 신작 〈그 한여름〉을 보았다. 한여름이란 한참 더운 성하(盛夏)를 말한다. 6·25와 이라크 전쟁이 바로 한여름이다. 견디기 어려운 여름과 전쟁의 비극을 따온 유니크한 소재임을 직감할 수 있다.

김운미는 한양대 무용과, 서울대학교 대학원 체육교육과를 졸업, 한양대학교 이학박사 학위 취득, 이매방 승무를 이수하면서 한국춤의 기본을 두루 습득했다. 현재 한양대학교 무용과 교수이며, 무용교육 학회, 대한무용학회 등의 이사이며 예술문화정책 연구위원, 무용전문 소극장「시어터 제로」운영위원, 2003년 서울시 문화재 위원, 학술연구 심사평가위원회 예술분야위원 등 위원력을 가졌다. 체육교육과 대학원을 거친 교수답게 무용교육, 교육무용, 무용사(史) 연구, 무용의 사회학적 접근, 동영상적 연구를 위한 데이터베이스 구축 등 춤계에서 드물게 많은 논문을 발표했기에 이를 열거하면….

연구논문은 손의 안정도와 협응성에 대한 연구(1984, 서울대 석사논문), 근대교육 무용사 연구(1991, 한양대 박사논문)를 위시하여, 일제하 무용강습회에 대한 소고(1990), 한국 근대 교육무용사 연구(1991), 한국근대교육무용의 흐름 – 개화기에서 해방기까지(1993), 해방이후의 교육무용에 관한 연구(1994), 한국근대무용의 사회사적 연구 – 서구사상의 수용을 중심으로(1994), 한국 근대 무용사 연구반봉 경과 반제국주의 측면을 중심으로(1996), 1930년대 한국 신무용에 관한 연구(1996), 현대사회와 무용교육–문화 복지운동을 중심으로(1997), 학교무용교육의 실태조사 및 발전방향(1998), 가상 3D 무용수를 활용한 안무를 위한 기초데이터 베이스 구축(1998), 3D모델을 이용한 무용동작의 데이터베이스 구축에 관한 연구(1998), 1960년대 한국무용교육에 대한 사회학적 접근(2000), 1960년대 무용교육과 무용경연대회(2000), 1970년 한국 무용교육에 대한 예술 사회학적 접근(2001), 1970년대 남북한 무용교육에 대한 연구(2003) 등 많은 논문을 발표했다(발표한 학술지명은 한국체육학회지, 한양대학 체육학회지, 한국무용연구지, 한국무용 교육학회지, 서울국제스포츠과학학술회지, 그 외 한국스포츠철학회지, 한국통신학회 소프트웨어 연구회지). 폭넓은 분야의 연구 업적을 볼 수 있다. 현재 일고 있는 '무교추' 운동에도 소중한 참고 자료가 될 줄 안다.

앙가주망을 본다

1993년 〈누구라도 그러하듯이〉, 1995년에 구한말의 외세의 침탈을 이겨 내는 과정을 표현한 〈흰옷〉, 1996년 〈조선의 눈보라〉, 1999년 발표작으로 3·1운동의 모습을 그리고자 한 작품 〈1919〉, 〈함(函)〉 연작으로 2000년의 〈함 1〉, 2001년의 〈함 2〉, 2003년의 〈함 3〉, 〈온달 1997〉, 〈옷을 위한 몸짓〉 1998년의 〈우리춤 뿌리 찾기〉 등을 들 수 있다.

김운미는 다음과 같이 알려져 있다. 한국무용+창작무용으로 새바람을, 뛰어난 구성 능력을 지닌, 춤 전개의 긴장미가 뛰어난, 음악·미술·조명 등 보조 수단을 십분 활용함, 설정된 장면으로 관객을 쉽게 데려다준다. 분석력이 뛰어나며 누구나 쉽게 엄두 내지 못할 소재와 전개에 능하다. 즉 흥성과 개방성과 맞물린 동작의 창조성, 조화로운 균형미를 잘 창출, 특히 여성의 시각에서 우리의 역사를 춤으로 풀어내고자 노력해 왔다는 등이 그의 컬러로 알려져 있다.

〈그 한여름〉 이번 작품의 동기와 방침

2005년은 광복 60주년이다. 우리는 아직도 분단의 아픔을 지니고 산다. 이라크전쟁을 위시하여 세계 도처에서 일고 있는 죽음의 연속을 보면서 이번에는 우리 어머니들이 겪은 한국 전쟁의 아픔과 상처를 중심으로 풀고자 한다. 이번 작품의 기본 방침은 무거운 주제라서 춤사위를 우리춤을 바탕으로 하지만 춤을 즐길 수 있게 노력했고, 열강 각국의 민속춤과 소리도 삽입하여 서사적 스토리 전달 방식을 되도록 배제하고자 옴니버스 형태를 통해 메시지 전달 방식에 중점을 두었다고 하였다.

당일 춤의 전개와 리뷰

팸플릿은 제1장 '전쟁은 이제 그만' 1) 반전의 촛불, 2) 할머니의 치성, 3) 가족의 사랑, 4) 외국의 침략, 5) 침략의 인식, 제2장 '전쟁' 1) 남침, 2) 가족의 이별, 3) 전쟁, 4) 작은 승리, 5) 징집, 6)

어머니의 오열, 7) 혼돈, 8) 가족의 맞선, 9) 죽음과 이별, 제3장 '상생과 평화' 1) 우리 모두 함께, 2) 어머니의 자장가로 구분되어 있지만 이를 총괄하여 〈그 한여름〉을 당일 전개한 대로 본 대로 따라가며 기록해 보자.

어머니가 치성을 빌 밥상과 물그릇이 넓은 무대에 조출하게 외로이 놓여 있다. 이어 처참한 전쟁의 상혼이 영상으로 뜬다. 양손에 촛불을 든 군중들이 줄을 이어 묵묵히 등장한다. 뒤 전장(戰場)의 영상은 계속 바뀐다. 춤꾼들의 시위 행렬답게 그 걸음마저 잘 다듬어져 춤스럽다. 위급한 여성(女聲)이 터져 나오면서 장면이 바뀐다. 치성을 드린 왜소한 어머니의 모습은 조용히 오케스트라 박스의 하강과 함께 사그라진다.

거리의 영상과 기하학적 도형이 교대로 투영되면서 한 여인의 몸부림이 있고 이어 남자는 땅에 머리를 처박고 고통을 호소한다. "찔레꽃 붉게 피는 남쪽 나라 내 고향" 유행가가 애처롭게 들리면서 7인의 춤이 유연하게 노래를 따라간다. 이때 영상에는 인공기와 김일성의 얼굴이 잡힌다. 가벼운 우리 춤가락이 삽입된다.

스크린이 양풍으로 바뀌면서 능란한 댄스스포츠를 추는 남녀 한 쌍이 매혹적 쇼를 보여 주면서 시대의 변천을 보인다. 러시아 코파크 댄스풍의 삽입과 여흥춤이 한바탕 신나게 전개되면서 흥을 돋웠다. 이때 공습(空襲)을 알리는 사이렌 소리가 귀를 울리더니 요란한 투폭(投爆) 소리와 함께 무대는 뛰고 숨고 살피고 난장판이 벌어진다. 무대 중앙 깊은 곳이 불난 집처럼 빨갛게 달아오르고 있었다. 시체가 통나무처럼 구른다. 팔에 붉은 띠를 두른 군중이 날뛰고 쫓기고 당황하며 행방을 잃고 헤맨다. 생사를 오가는 모두가 절박해 보인다. 춤기(技)로 조련된 동작이 진짜

같기만 하다. 이때 무대 깊은 곳에 2장의 벽돌담 장치가 분위기를 배가시킨다.

은은한 피리 소리가 비참을 몰고 오면서 차가운 설경 영상과 함께 무대에는 피난민 대열이 줄을 잇는다. 구부정한 몸매에 봇짐을 이고 진 침울한 가족들의 걸음은 처참하기 그지없다. 춤이 비참하고 드라마틱할 수만은 없다. 2인의 남녀 댄스스포츠팀을 필두로 팔에 검은 띠를 두른 6인의 춤꾼들이 절도 넘친 군율(軍律)춤을 춘다. 영상에는 군함이 보이고 연합군가다. 군율춤은 16명으로 늘고 차렷, 경례의 표정이 절도와 군기를 보였다.

상황은 또 달라진다. 붉은 띠를 두르고 긴 목검은 쥔 4인의 등장이 분명 중공군의 참전 같다. 검을 돌리고 찌르고 독특한 곡예적 묘기를 부린다. 힘찬 기합을 섞어 가며 뛰기도 하고 돌리기도 한다. 특별한 메시지는 없으면서 오차 없는 몸짓이 주제를 살렸다.

"불쌍한 내 새끼" 곡소리가 서글프다. 어머니의 피눈물 나는 오열이다. 다음은 오늘의 하이라이트를 보여 주는 정경이다. 거대한 흰색의 진폭이 큰 Flag dance와 팔에 붉은 띠를 두른 군과 검은 띠를 두른 군의 3자 혼성의 스펙터클이다. 이데올로기의 나맥과 한국사의 혼란과 고민을 한눈에 보여 주는 축약도(縮約圖)였다.

안무자는 거친 혼란 뒤에 잔잔함을 붙이는 하이브리드(Hybrid) 기법을 잊지 않았다. 주제는 어두우나 전개는 밝게 하는 기법도 잘 융화시켰다. 이번에는 쓰나미(津波)기법의 도입이다. 집채만 한 크기의 입체적 장치가 무대 깊은 곳에서 무겁게 돌아가는 이변 영상이 장관을 보인다. 6 · 25도 이라크 전쟁도 따지지 않고도 아무튼 전쟁 뒤의 상생과 평화의 도래가 피어오른다. 긴 한삼

춤과 지전춤이 교차로 평화를 축원하는 장이다.

이 장면에서 우리 춤가락의 뿌리가 봄처럼 살아온다. 8인의 깽맥이꾼과 8인의 북꾼의 합주가 생기와 약동을 몰고 온다. 이들 타악 솜씨는 예사롭지 않게 신명과 흥에 충만해 있다. 잠시 주제성을 잊게 한 완벽한 농악꾼의 신명이 내재한 춤꾼이며 한판 춤가락이 표출되었다. 점점 소리를 내지 않고 두드리는 데크리센도(Decresendo)의 경으로 접어들면서 조용한 마감으로 접어든다.

이제 원 주제로 돌아와야 할 시각이다. 중앙에서 조용한 소리를 타고 한 여인(어머니, 할머니라도 좋다)이 합장하며 모습을 드러내며 소리도 춤도 없이 대단원의 마감을 한다. 이때 화해와 용서와 평화를 상징하듯이 양에서 손을 내민 두 손의 영상이 끝까지 관객을 조용히 배웅하였다.

이번에 본 김운미의 특색

앙가주망(Engaerment) 사회 참여적 시각과 특색을 볼 수 있다. 한국무용가이지만 벌써 현대무용적 창작적 시스템과 의식이 짙다. 그래서 지성과 능력을 인정받고 있으며 작품 구성 능력 또한 탁월하다. 분석력과 상황 파악력이 학자답게 정확하다. 이번 춤을 보고 그의 알려진 특색과 합쳐 보면 장점은 다음이 더해진다. 1) 정경(情景)별 과(過)·부족(不足) 없는 시간 설정의 적정성, 즉 치밀한 구성과 설계력, 2) 마임과 춤을 엄히 구별한다. 3) 뛰어난 표현 동작의 창출력이 있다. 4) 명(明)과 암(暗)의 안분(按分)과 보충이 돋보인다. 5) 이미지 추출에 의한 상징적의 강조가 선명한다. 6) 템포의 지(遲), 속(速)과 강약(強弱)에 민감하다. 7) 무용수에겐 동작의 강요보다 생출(生出)적이다. 8) 힘빼기와 힘주기가 분명하고 역동성과 신체 방위(方位)의 의미성까지 세심하게 계산하고 있다.

– 정순영, 『댄스포럼』 2005년 3월호

〈그 한여름〉 - 눈에 띄는 군무의 역동성

김운미 무용단의 〈그 한여름〉은 한국춤과 대중춤을 섞어 그린 군무 한국무용전쟁사이다. 이 작품은 이라크전에 참전하는 손자를 보며 할머니가 과거를 회상하는 무용극 형식으로 구성되었다. 패션쇼 워킹, 다이어트 클럽의 에어로빅, 브레이크댄스 등을 통해 과거와 대비되는 풍성한 물질문명의 사회를 그린 뒤 과거로 들어갔다. 해방과 가족의 모습이다. 라틴과 코팍, 탱고, 플라멩코 등의 대중춤으로 해방공간의 혼란상을 흥겹게 표현했다. 속도감 있고 몸을 내던져 만들어 내는 군무의 역동성과 표현성이 좋았다.

- 김승현,『춤』2005년 3월호

〈그 한여름〉 무대의 입체적 공간을 살린 도선의 다양함

김운미 KUM(쿰)무용단의 〈그 한여름〉(20일 오후 4시 · 8시 서울 예술의전당 토월극장)은 근대사를 '전쟁은 이제 그만', '전쟁', '상생과 평화'로 구성, 참신한 아이디어로 무대에 펼친 시도가 독특하다. 무용단원들의 신체 훈련에 대해 트집 잡을 일이 없다. 참 연습을 많이 했구나 싶다. 김운미 안무, 황두진 대본 연출, 강은구 음악, 무대미술 정승호, 의상 황연희. 적은 수이나 무대에 활력을 불어넣는 시원한 춤사위로 남성무용수들의 존재가 확인됐다.

6 · 25 전쟁의 아픔을 춤으로 풀어낸 안무가는 고민이 많았을 터이다. 우리춤을 텍스트로 1950년대 전쟁 상황을 반영하기 위해 한계를 느꼈을 법하지만, 한국춤의 기본 정신을 끝까지 잃지 않았다. 공연 초반 촛불시위와 한국전쟁 장면이 영상으로 이어진다. 어머니를 상징하는 여인의 퍼포먼

스에 이어 이어지는 몸부림과 한 맺힌 절규의 몸짓들.

무엇보다 무대의 입체적 공간 조성을 위해 군무 동선을 다양하게 선보인 점이 춤예술의 완성도를 향해 가는 시도였다.

주인공 남녀 2인무는 군무 속에서도 눈에 띄었다. 공간의 조형미를 살리기 위해 신체 활용을 적극적으로 시도했다. 김신아, 이현경, 민수진, 박인주, 최자인, 조재현 등 표정과 함께 군무를 이끄는 무용단의 기둥들은 제 몫을 다했다.

대형 직육면체 무대장치는 다목적으로 사용되며 안무자의 의도를 살려 주었다. 회전무대를 이용해 다각도로 변해 보이는 무대는 간단하면서도 춤을 받쳐 주기 위해 노력한 흔적이 역력했다.

– 유인화, 『댄스포럼』 2005년 4월호

서사적 전개를 빈 김운미와 KUM무용단의 〈그 한여름〉

이 창작춤 집단의 공연(2월 20일 예술의전당 토월극장)을 보면서 무엇보다 어떤 꾸미지 않은 건강한 춤의 기운을 느꼈다. 우리의 춤이 몇 창작춤 단체에 의해 특유의 심미적 스타일로 전환되어 가면서, 일부는 지나치게 예술화되어 가는 경향이 없지 않아 있었는데, 이 춤 집단의 경우는 어떤 변형된 기교보다는 자연스런 힘(에너지)의 뻗침과 발산을 통해, 관객에게 호소하려고 하는 일견 '시원스런 직설어법'의 힘을 느끼게 했다.

슬라이드 영상을 통해 현대문명의 속도감과 그 속의 역사적 비극성을 적절히 암시하면서, 춤은 6·25 동란 전후와, 또 그것으로부터 이어지고 있는 우리 민족사의 어둠을 묘사하려 했다. 그러나 그 묘사에 있어서 연극적 기법이나 효과를 빌리기보다는, 안무자는 가능하면 춤으로, 특히 군무를 통해 표현할 수 있는 영역을 많이 확보하려 하면서, 군데군데 기교 있는 젊은 남성 춤꾼들을 내세워 춤이 줄 수 있는 역동적 가능성을 보여 주었다. 공연의 후반으로 가서 자칫 여러 형식의 신무용적 나열무가 될 수도 있었으나, 적절한 순간에 그것을 멈췄다.

중간중간 재즈춤(듀엣)을 이용해 양키 문화와 어떤 자유스런 현대성의 의미를 보여 주려 했던 것은 서사적 전개가 가질 수 있는 순차적인 시간의 흐름을 적절히 제어한 것이라 할 수 있다. 시원스런 시각성과 진솔해 보이는 군무의 에너지, 그런 가운데 일말의 저돌적인 일탈의 가능성. 그런 점에서, 이 무용단은 또 다른 활력 발휘의 가능성을 꿈꾸고 있다고 할 수 있다.

– 김태원,『공연과 리뷰』2005년 봄호

전쟁의 상처를 춤으로 형상화 - 김운미의 〈그 한여름〉

한국무용가 김운미는 역사에 대한 관심이 지극하다. 역사에 대한 그녀의 관심은 박사 학위 논문 주제로 한국근대교육무용사를 선택하여 깊이 있게 천착한 것에서도 확인된다. 김운미의 역사에 대한 관심은 이론적 탐구뿐만 아니라 창작 작업으로까지 이어진다. 그녀의 이러한 관심은 모친 이미라 선생의 창작 정신과 닮아 있다. 지난 2월 20일 예술의 전당 토월극장에서 공연된 김운미 안무의 〈그 한여름〉은 민족상잔의 비극 6 · 25전쟁을 소재로 한 작품이다.

전쟁을 춤으로 형상화한다는 것은 소재 선택에서 조금은 무모한 발상이라 할 수 있다. 김운미의 용기는 무모함을 현실 가능케 하였다 〈그 한여름〉은 특별한 주역 없이 군무 중심으로 전개된다. 시점 또한 현재에서 과거, 다시 현재 등 종횡무진 넘나든다. 작품 전개는 서사성을 배제하고 전쟁과 분단, 그리고 혼란 상황에서 밀려들어 오는 외래문화의 퇴폐성 등 다양한 장면이 삽입되는 상황적 이미지춤으로 이끌어 간다. 군대, 탱크, 전쟁, 고아 등 전쟁의 상흔은 리얼리티가 돋보이는 영상을 통해 강조된다. 무대적 표현에서 직설법은 부담을 주고 좌우 이념대립을 흑백논리로 표상하려는 의도 역시 거칠게 다가왔다.

작품 초반부 정화수를 떠 놓고 축원하는 여인의 기원무는 서막을 여는 도입부로서 타당한 설정이었다. 주역 없이 전개된 군무진의 활약이 돋보였다. 남녀 주인공이 주축이 된 군무진은 무게감 있는 기(氣)의 발산을 통해 균형 감각을 유지했다. 특히 남성 군무진의 죽창춤은 강렬한 에너지를 바탕으로 다이내믹한 구성미를 과시했다. 한국춤 고유의 질감을 유지하면서 현대적 움직임 기법을 일사불란하게 소화해 내는 무용수들의 저력은 퍽 인상적이었다.

우직스러울 정도로 역사적 현실 문제를 화두로 삼아 작품 창작에 몰두하는 김운미에게서 색다른 춤 세계관을 읽게 된다. 역사를 해석할 때에는 관점이 중요하지만, 역사에 대한 예술적 형상화 작업에서는 관점 못지않게 중요한 것이 바로 감성이다. 감성은 후천적 노력만으로는 소유하기 어려운 것으로 어쩌면 운명적으로 타고나는 것이라 할 수 있다. 예술창작에 있어 이른바 '천재'의 개념을 다시 생각하게 하는 무대였다.

– 성기숙, 『춤』 2005년 4월호

남과 북, 바야흐로
화해와 협력의 장을 열어 가고 있는 이때에
가무(歌舞)로 한을 풀었던 우리 민족성을 떠올리며
〈그 한여름〉을 되새겨 본다.

〈축제〉(2005)

안무 의도
20세기 한국의 근현대사를 무용으로 재조명하다

60년 전 광복의 기쁨은 분단의 아픔도 동반했다. 분단은 일제 식민지 통치의 가장 뼈아픈 잔재였고, 그것은 또한 외세가 강요한 것이었다. 남북으로 분열된 우리 민족은 결국 한국전쟁의 참화를 겪었고, 남북 대결의 냉전시대는 무려 반세기가 넘는 기간 동안이나 지속되었다. 그러나 이제는 이산의 아픔으로 대변되는 분단의 고통과 오랫동안 이데올로기의 사슬에 묶여 있던 어두운 과거를 걷어 내고 사상과 이념을 초월한 참된 화해와 공존의 세기를 열어 갈 절호의 기회가 우리 민족 앞에 열리고 있다.

물론 한반도의 평화와 통일의 길이 그리 순탄치만은 않을 것이다. 우리 민족이 다시 희생당하지 않으려면 정파와 계급, 종교, 사상을 초월한 전 민족적 단합과 노력이 필요하다. 그것은 아직 작은 물줄기에 지나지 않을지라도 머지않아 통일의 큰 물줄기가 되어 우리 민족의 가슴속에 응어리진 이별의 아픔과 분단의 슬픔을 씻어 줄 것이다. 이 공연은 이처럼 한민족이 서로 화해하고 평화를 기원하는 마음으로 통일의 시대를 맞이해야 한다는 당위와 염원을 담아 마련한 것이다.

김운미 안무 〈축제〉

예술가는 어느 선까지 이 땅과 사회가 처한 상황에 참여해야 하는가. 한국무용가 김운미는 한국의 근현대사를 풀어내는 작업을 이어 오고 있다. 연작의 성격을 띠기 때문에 그의 춤에는 역사성과 함께 동작소들이 지닌 의미조차 김운미 브랜드의 당위성을 강조하고 있다.

12월 20일 리틀엔젤스 예술극장에서 공연된 〈축제〉에서 안무가 김운미는 근현대사 참구 작업을 위한 한국적 춤사위를 과학적으로 분석했다. 해체된 한국춤 동작들은 나름의 코드를 지닌 채 전체적인 표현력의 중심동작으로 거듭난다. 특히 김운미의 춤은 군무진의 역동성을 다양하게 보여 주는 논리를 지닌다. 극적 상황에 맞게 변용되는 군무진의 한국적 춤의 코드는 김운미가 보여 주는 현대사 작업을 극대화하고 있다. 신체 훈련에 비중을 둔 무용수들의 군무는 안무의 밀도를 더해 준다.

춤은 일제강점하의 비극부터 출발해 분단과 2002 한일월드컵으로 이어지며 민족의 화합과 축제적 의미로 읽는 단합을 강조하며 끝난다. 1장 첫 부분은 기울어져 가는 나라의 운명을 제의식으로 보여 준다. 무대 왼쪽에는 붉은빛의 의상을 입은 군무진이 4명씩 3줄로 서 있고 오른쪽에는 같은 무리가 검은 계통의 의상을 입고 종묘제례 중 〈일무〉에 해당하는 부분처럼 의식무를 보여 준다. 물론 사이사이 김운미 브랜드의 에너지가 저장된 한국춤사위가 들어간다. 박 소리에 맞춰 정중히 진행되는 정적인 움직임들은 서무로 적합했다. 제의식을 이끄는 여제(홍경희)는 뒷부분에 용무늬가 새겨진 흰 제주복을 입고 작품을 전개한다.

마지막 황제의 힘없는 걸음으로 시작된 춤들은 역동적인 군무들로 빛을 본다. 무대 앞, 중간, 뒤 등 세 부분으로 나뉘어 쏟아지는 조명 색에 따라 군무진의 의상들이 철저하게 세 종류로 비춰진다. 안무와 조명이 만나는 묘미다. 북소리와 드럼 소리와 신시사이저로 어우러진 음악도 현대인의 정서에 부합되는 작업이다. 한국춤이 현대음악과 이질적으로 분리되지 않고 같이 접목되는 이어짐이 부드럽다. 둥글게 원을 그리며 이루는 군무는 무대공간의 조형미를 안정감 있게 장식한다. 회전과 도약을 번갈아 가며 보여 주는 군무와 태극기가 나오는 영상은 춤의 사회적 의무감을 다시 한 번 강조한다.

검은 커튼으로 만드는 작은 공간에서의 2인무는 춤의 밀도를 더했고, 커튼이 열리면서 넓어지는 공간의 무대도 관객의 시선을 잡으려는 아이디어로 신선했다. 여성 무용수를 들어 올린 남성 무용수가 여성의 한 팔을 잡아 던지며 바닥에 나뒹굴게 하는 동작은 김운미 춤의 또 다른 맛을 준다. 남녀 취발이춤의 현대적 처용과 군무진의 엿보기 동작의 이중적 화답은 현대적 한국춤이 주는 선물이다.

– 유인화,『춤』, 2006년 1월호

새 시도, 민족사의 춤판 - 김운미의 〈축제〉

작품 〈축제〉는 20세기 한국의 근·현대사를 소재로 한 역사물 공연이다. 20세기는 반만년 동안 계속되어 온 역사 속에서도 가장 혼란스러운 격동의 시기였다. 전반기에는 제국주의 지배로부터 독립하려는 해방운동이 전개되었고, 후반기에는 권위주의와 독재 권력으로부터 벗어나 민주화를 쟁취하려는 운동이 전개되었다. 이와 같은 역사는 오늘날 우리가 영위하는 삶의 근본을 규정하고 있다. 과거의 역사를 되돌아보는 것은 조각 맞추기에 비유할 수 있다. 조각조각 분리된 것처럼 보이는 사건들을 꿰맞추다 보면 전체적인 윤곽이 드러나기 때문이다. 이 작품은 역사의 조각 맞추기를 해나가면서 오늘을 살아가는 사람들에게 앞으로 나아갈 길을 제시하려고 한 작업이다.

우리 민족은 고난과 역경 속에서도 항상 낙천(樂天)을 잃지 않았다. 식민과 냉전으로 얼룩진 세월 속에서도 공동체의 '축제'를 가졌기에, 민속놀이를 바탕으로 전통문화를 새롭게 무대 위에 올리고자 한 〈축제〉는 기본적으로 기쁨과 슬픔이 교차하는 현대사에서 축제가 주는 환상과 꿈, 감정과 상상 등을 표현함으로써 우리 가슴속에 맺힌 한을 풀어 주고 응어리를 녹여 줄 것이다.

60년 전 광복의 기쁨은 분단의 아픔을 동반했다. 분단은 일제 식민통치의 뼈아픈 잔재였고, 그것은 또한 외세가 강요한 것이었다. 남북으로 분열된 우리 민족은 결국 한국전쟁의 참화를 겪었고,

남북 대결의 냉전시대는 반세기가 넘는 기간 지속되었다. 아픔으로 대변되는 분단의 고통과 이데올로기의 사슬에 묶여 있던 과거를 걷어 내고 사상과 이념을 초월한 참된 화해와 공존의 세기를 열어 갈 기회가 우리 민족 앞에 열렸다.

물론 한반도의 평화와 통일의 길이 그리 순탄치만은 않을 것이다. 정파와 계급, 종교, 사상을 초월한 전 민족적 단합과 노력이 필요하다. 그것은 작은 물줄기일지라도 통일의 큰 물줄기가 되어 우리 민족의 가슴속 이별의 아픔과 분단의 슬픔을 씻어 줄 것이다. 이 공연은 이처럼 한민족이 서로 화해하고 평화를 기원하는 마음으로 통일의 시대를 맞이해야 한다는 당위와 염원을 담아 마련한 것이다.

허나 해방 60년, 쇠잔기 40년, 합 1백 년의 방대한 민족사를 60분으로 압축한다는 것은 누가 해도 난공사 중의 난공사임은 자명하다. 필름 영상으로 추출하기도 어렵지만, 춤으로 압축한다는 것은 더욱 쉬운 작업이 아니다. 춤이 추상성과 시공 초월이 가능한 장르로 안무자 김운미는 이에 도전하고 시도의 용기를 낸 것이다. 수천수만 가지 역사적 사실들을 말로 글로 표현하지 않고 '이미지 표현'이란 춤만의 독특한 가능성이 나선 것이다.

필자가 본 대로 느낀 대로 〈축제〉(12월 20일 리틀엔젤스예술회관)의 일련된 춤을 편의상 다음의 소단원으로 설정하였다. 1) 쇠잔한 기운 속의 축제, 2) 외세의 외침, 3) 민중의 봉기, 4) 사랑하는 사람들의 이별, 5) 미쳐 버린 사람들, 6) 마술로 즐기는 사람들, 7) 생의 기운, 8) 살아 있는 한민족의 긍지 등으로 풀면서 그 사이에는 여유, 축제춤의 볼거리도 삽입되고 있다.

안무가 김운미는 〈누구라도 그러하듯이〉(1993)에서 여성의 낙태 문제를 통해 순종적이고 무기력한 여성들의 자립 의지를 주장했고, 〈흰옷〉(1995), 〈조선의 눈보라〉(1996), 〈1919〉(1999) 등을 통해서 산화한 민족의 삶을 그렸다. 또, 〈온달 97〉(1997)을 발표하여 고전을 재해석하여 인간의 삶의 행복을 음미했고, 2000년부터 연작 〈함 1〉, 〈함 2〉, 〈함 3〉에서 결혼이란 관례가 여성에게 주는 의미가 무엇인지를 생각하게 했다. 〈그 한여름〉(2005)을 발표하여 또 다른 시선을 모았다. 전기 〈조선의 눈보라〉, 〈1919〉를 발표하면서 한국 근대사를 푸는 작업을 하면서부터 오늘의 작품 〈축제〉가 잉태된 것 같다. 다큐댄스(Docu-Dance)의 성패에는 역사성과 예술성의 양면성을 충족해야 하는 고심이 따른다. 김운미는 전통춤 위에 대중문화의 질 높이기, 즉 '문화봉사의식'이 짙다.

1. 쇠잔한 기운 속의 축제

축제라고 오늘의 들뜬 페스티벌이 아니라, '진중한 축제' 속에서 쇠잔한 기운부터 느끼게 했다. 춤의 첫머리가 궁중 정재 같은 분위기다. 일무의 방진도 대형으로 헌천화(獻天花), 만수무 분위기다. 4사람씩 3줄, 12명이 좌우대칭으로 정렬하여 정숙함과 우아함이 함께 담겨 있는 궁중무 같기도 하다. 팔을 벌리고 조용히 회전하는 자태 등은 곱고 우아하며 정숙한 매력이 있고, 한편으로 동작은 격무(檄舞)라 이름할 춤의 마디가 분명한 무절(舞節)이랄까, 무표정 같지만 뭔가 치고 들어갈 듯한 투혼의 기백이 역연하다. 잘 챙겨 보니 처음 장면의 곡은 사도제사 추모사당 '경모당'의 제례악곡, 속곡(俗曲)을 피하고 생소한 제례악곡(祭禮樂曲)을 일부러 쓴 것이다. 상수에서 아주 무거운 걸음으로 혼자 뒤도 보지 않고 묵묵히 나오는 인물이 왠지 쓸쓸한 임금 모습으로 보였다. 축제는 처음부터 희비(喜悲) 이중의 모습이다.

2. 외세의 침입

부웅 뱃고동 소리가 들린다. 바다 건너 외적의 침입일 게다. 시커먼 옷의 4명의 사내들이 뛰어든다. 날쌘 몸짓에 바람을 탄 낙엽처럼 뒹굴고 강도와 같이 무서운 몸짓으로 설친다. 가녀린 여인들 6명은 겁에 질려 움츠리고 몸을 떤다. 남녀 4+6인은 뒤죽박죽 난무로 변한다. 모두 자유롭게 쫓고 쫓기고 무대를 뛰며 돈다. 춤의 모습은 한판의 난장(亂場)이었다.

3. 민중들의 봉기

이곳저곳 봉화(烽火)불이 뛴다. 기(旗)를 든 민중들의 봉기의 열도가 하늘을 찌른다. 남자들의 플래그댄스(Flag-Dance)와 여성들의 스카프댄스(Scarf-Dance)가 불처럼 타오른다. 뒤의 영상에는 거대한 태극기가 뜬다. 이같이 30여 명의 군중들의 봉기가 하나 되어 집결한다. (중간막이 내려온다.) 중간막 앞을 지나가는 사람은 임금과 왕후의 힘없는 모습이다.

4. 사랑하는 사람들의 이별

사랑하는 청춘 남녀 짝이 되어 3쌍의 애달픈 사랑과 이별의 장이다. 낭만적 분위기의 반주 음악이지만, 왠지 입대하는 애인과 보내는 연인들처럼 왈츠곡이지만 세레나데 같은 춤들이었다. 옥색 긴 스카프의 둘레의 여인들의 군무도 떠난 열차의 플랫폼처럼 쓸쓸해 보인다. 잃어버린 고국을 노래한 것 같다. 임금과 황후의 지켜보는 모습도 보였다. (암전)

5. 미쳐 버린 사람들

오늘의 영상 중 악센트는 흑색 바탕에 흰색으로 번지는 스파클 신(Sparkle Scene)이다. 무대에는 작은 북소리를 따라 속도감 있게 춤춘 12명이 괴기한 소리를 내면서 춤추는 그로테스크다. 빼앗긴 사람들의 슬픔을 미쳐 버린 사람(민중)의 모습으로 나타낸 것이다(평자의 해석). 머리에 수건을 쓴 16명의 여인들의 몸짓이 예사롭지 않다. 넋 나간 사람들의 벙벙한 모습들이다. 정상과 바보들의 양면 모습이다. 기타 음악을 한삼과 부채춤, 우리 가락으로 춤추는 쇼를 보여 준다. 이때의 영상은 희미하여 잡지 못했다. 좌우에서 당기며 벌이는 4장의 긴 천은 또 다른 변화를 암시했다. 소생의 기운을 느끼게 했다. 민족의 깨어남을 잔잔히 흐르는 소박한 우리 소리로 번역한 것같이 다가왔다.

6. 마술로 즐기는 사람들

희망 없은 사람들의 지루함과 즐거움을 되찾는 세월에 댄스-인-쇼 '매직'을 삽입시킨 것이다. 불놀이, 비둘기 날리기, 태극기 출생 등 눈의 즐거움으로 빠져들게 했다. 춤에서 보기 드문 정경이지만 축제라서 안무자의 계산일 것이다.

7. 생의 기운

붉은 웃옷에 파란 줄무늬의 바지와 손에는 단(單)북을 쥐고 춘 24명의 KUM 군단을 보는 차례다. 가로 한 줄로 선 위용(威容)은 가히 과시적이다. 높이 퍼지는 트럼펫의 고음은 과연 상쾌하여 힘을 솟게 했다. 뒤(영상)에 큰 태극기가 펄럭인다. 북 없이 가벼운 맨손으로 춤을 추는 군무가 용솟음치는 희망의 춤이 되어 온 무대를 꽃피운다.

8. 살아 있는 한민족의 긍지

다시 첫 일무 형태로 돌아간다. 이때의 반주곡은 천지인의 동양사상을 담은 〈동동(動動)〉이란 곡으로, 수제천(壽齊天) 곡이다. 청이 높고 화려하고 밝은 관현합주의 웅장한 합주곡이다. 상흑하백(上黑下白) 차림의 한 청년(엄귀영)이 유원한 손놀림으로 무대를 평정(平靜)으로 이끈다. 왼쪽에서 다갈색 오른쪽에서 흑청색의 첫 장면의 등장인물 군무회들이 다시 들어온다. 이때 솟아오른 6가닥의 분수는 아름답고 다시 찾은 강산같이 힘차고 시원하다. 중앙의 청년 수벽치기와 기의 사범 엄귀영의 진중한 몸짓과 땅과 하늘에 예를 갖춘 모습이 우리 민족과 기를 한데 모은 듯했다.

〈축제〉란 이름의 이번 작품은 한 무대에서 보는 기쁨과 슬픔의 서사적 민족사를 옴니버스 형식으로 춤 축제 판을 벌였다. 음악과 정경이 각장 상호의 균형과 오버랩이 약간 평탄치 못했으나 안무자의 재량으로 넘어갔다. 이는 응용 작품에 대한 전개에 새로운 연구 과제인 동시에 또 한 번의 좋은 체험이었다.

– 정순영,『춤』2006년 2월호

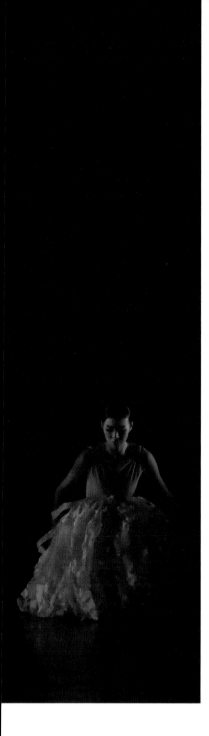

한국춤, 60년 춤의 궤적

안무 의도

과거를 통해 미래를 꿈꾼다! 광복 70주년을 맞이하여 우리 민족성과 역사를 재조명하는 공연 & 전시 패키지 프로그램. 춤과 미디어테크놀로지 결합을 통해 우리 민족의 '신명과 미'를 생생히 담은 감동의 무대. 한국 근현대사를 총망라한 역사적 발자취를 '축제와 상생'이란 화합의 메시지로 풀어낸다.

작품 줄거리

축제! 우리가 만나 아름다운 나라를 만들고 세계를 향해 축제를 연다.
이순신, 유관순 그리고 어머니. 그곳에 우리가 있다. 이순신은 백성과 함께 왜군을 몰아내고 유관순은 묶인 팔을 풀어 만세를 불렀다. 슬픔의 축제, 위로의 축제, 다시 깨어나는 우리, 광복의 축제. 우리는 만나 하나가 된다. 노래하고 춤춘다.

한국 역사의 긍지, 한국춤의 긍지

효심(孝心)과 애국심의 충일! 충효(忠孝)를 얘기하는 것이 고리타분하고 촌스러워 보이는 시대에 거의 충격 수준으로 와 닿는 경험이었다. 2015년 9월 10~11일 양일간 국립중앙박물관 '극장 용'에서 광복 70주년 기념공연으로 펼쳐진 쿰댄스컴퍼니의 〈축제 70〉(부제 20150815)는 충효의 교과서를 대하는 느낌이었다.

무용가인 모친 미산(美山) 이미라 선생도 평생을 이순신, 유관순, 윤봉길 같은 순국선열들을 주제로 무용극을 만들었건만, 그 딸도 쿰댄스컴퍼니를 창단한 이래 20년이 넘는 기간 동안 나라에 헌신한 순국선열들의 활약상과 대한민국의 발전상을 춤 작품으로 만들어 왔다. 서예가이기도 했던 모친이 썼다는 충효전가(忠孝傳家)가 상징하듯, 애국심과 효심이 모녀의 대를 이어 가문에 전해 내려오고 있었다.

광복 70주년을 맞아, 한민족의 역사를 긍지를 갖고 재조명하겠다는 의도를 내세운 작품은 또한 한국춤에 대한 긍지이기도 했다. 작품의 서무(序舞) 격으로 안무자 자신이 출연하여 춘 '이매방류 승무'도 비록 독무이지만 한국춤의 정수인 승무가 갖고 있는 총체적인 미학을 새삼 현시하고자 함으로 보였다.

중견무용수인 김경숙, 이정윤, 쿰의 에이스인 안지형, 서연수를 비롯해 40여 명이 출연한 〈축제 70〉은 춤 작품으로서 스케일이 컸고 스펙터클한 무대였다. 작품 제목에 걸맞게 장엄하고 호방한 장면들이 연출되었다. 작품은 '광복 70주년 기념식', '임진왜란', '광복', '남북분단' 등 10여 개의 이야기를 옴니버스 형식으로 전개시켜 나갔다. 영욕이 교차되는 한국사를 다뤘으나 편년체 방식을 따르지 않고 현재와 과거를 오가는 방식으로 변화를 주어 자칫 지루해지기 쉬움을 피했다.

춤 언어란 추상성이 농후한 독자적인 언어 체계이다. 하지만 무용극은 그 성격상, 구체적인 서술의 형식을 띄기에 단조로움의 함정에 빠지기 쉽다. 작품에는 70여 분에 이르는 무용극이 단조롭거나 지루하지 않도록 노력한 흔적이 보였다. 장면, 장면, 연출과 안무로 특정 사안을 형상화함에 있어 창의성을 발휘하기 위해 많은 구상을 했다. 출연자 수의 변화와 인원 배열, 무용수의 공간 배치로 이루어지는 인적 무대 구성에 다양성을 부여하려고 고심한 흔적도 배어 있었다.

시작되는 장면에서 보여 준 한 명의 여자 무용수가 앞에 서고 두 명의 남자 무용수가 뒤에 겹쳐 서서 추는 춤은 그 자체가 하나의 작은 창작춤으로 독특했다. 그러한 형상화의 노력은 조선 수군과 왜군의 전투, 만세로 상징화되는 우리 겨레의 독립운동을 표현한 장면에서뿐 아니라 작품 전체에서 발견되었다. 현재 젊은 관객들의 취향을 고려하여, 폭이 큰 동작, 도약 등을 안무에 구사하여 작품이 역동성을 갖도록 했다. 셀카봉의 사용은 유머러스했고 한국의 눈부신 발전상을 보여 주는 장면에서 소개된 탭댄스 군무는 우리 취향에 맞게 잘 소화해, 어색하지 않고 흥겨웠다. 작품은 춤 안무의 다양성을 보여 주었다. 다채로운 음향, 영상, 조명으로 이루어진 작품은 일종의 버라이어티 쇼였다.

작품의 후반부에서 추어진 남녀 2인무는 남북분단의 비극을 형상화한 것으로 보였다. '이정윤'의 숙성된 기량, 본래 실력 있는 안무가이자 무용수인 '서연수'의 아우라가 어우러져 비감(悲感)과 애틋함이 어우러진 남녀 대무(對舞)의 완성도 높은 춤 미학이었다.

무용극은 자칫 함정에 빠질 수 있다. 과욕을 부린 백화점식 나열은 작품 전체를 저열한 실패로 몰아갈 수 있다. 애국심이나 충성심 등, 교훈적인 목적을 목표로 내세우다 보면, 교조주의 스타일의 예술이 되어 유치해지거나 경직화될 수 있다. 이때 그런 함정에 빠지지 않으려면 안무에 두 배, 세 배 더 신경을 써야 하고 숙련된 무용수들의 기량이 출중해야 한다. 작품 〈축제 70〉은 위태로운 함정을 용케도 피하고 있었다.

메타포와 추상과 전위를 지향하는 현대예술이 대세를 이루는 시대에 '다큐멘터리 춤'이라는 것은 생경함일 수도 있다. 하지만 예술의 궁극적인 목적의 하나는 감동과 공감을 주는 것이다. 영화를 예로 들자면, 거짓과 허구로 짜인 예술영화보다는 실화를 바탕으로 만들어진 영화가 더 감동을 주고, 정말 진한 감동을 주는 것은 잘 만들어진 다큐멘터리 필름이다. 〈축제 70〉은 한 편의 다큐멘터리 필름 같은 느낌을 주었다.

작년 12월 개봉하여 올해 상반기까지 우리 국민 1,400만 명 이상이 보았다는 어떤 영화가 떠올랐다. 안무자의 모친은 가족을 떠나 이북에서 홀로 월남해, 연고 없는 대전에 자리를 잡았다. 나라가 부강해지면 남북통일의 날이 앞당겨질 것이고 그리되면 북의 부모를 만날 수 있으리라는 염원으로 열심히 애국무용극을 펼쳤고, 그 결과로 그녀는 충남과 대전의 대표적인 무용가가 되었다. 그리고 그에서 더 나아가 딸은 서울로 진출해 중견 무용가 겸 무용교육자로 성공했다.

공연을 하던 이틀 동안 '극장 용' 로비에는 이미라 선생이 만들었던 작품들의 의상이며 소도구가 전시되었다. 우리춤 역사의 생생한 자료의 보존이라는 점에서 의의 있는 행사였으며 딸의 작품을 더욱 의미 있게 했다.

작품 〈축제 70〉은 평생을 애국무용극에 헌신한 어머니를 향한 사모곡(思母曲)이자 어머니에게 바치는 오마주(hommage)이면서 어머니로부터 그 맥이 딸로 이어진 한국 애국무용극의 완결편이라 할 수 있었다.

– 이만주, 『춤비평』 제35호

쿰댄스컴퍼니의 아우름의 축제

쿰(KUM)댄스컴퍼니의 신작 〈축제 70〉은 9월 10~11일 국립중앙박물관 극장 용에서 발표되었다. '역사적 의미를 재조명하는 댄스 다큐 시리즈'라는 표어가 붙은 〈축제 70〉은 이순신과 유관순 등이 지켜 낸 우리나라의 슬픔과 위로의 축제를 펼치고 다시 깨어나는 광복의 축제까지 아우른다. 이 작품에 앞서 김운미가 직접 출연한 〈이매방류 승무〉나 김운미의 모친을 기리는 전시 〈이미라의 춤과 삶〉도 함께 제시되어 공연에 풍성함을 더해 주었다.

〈축제 70〉은 총 열 개의 장면으로 나뉘어 '과거와 현재, 광복 70주년 기념식, 임진왜란, 한일합방,

만세운동, 축제와 제사, 광복, 남북분단, 산업화와 무리, 축제 70'이란 소제목으로 격동의 한국사를 한데 망라하고 있다. 이를 지시적인 연기로 묘사하는 것이 아닌 각 장면의 주제에 맞는 표현적인 혹은 이미지화된 신체 움직임으로 그려 내고 있다.

김운미의 총괄안무에 쿰댄스컴퍼니의 간판인 안지형과 서연수, 그리고 객원 이정윤의 역할이 두드러지고 김경숙 외 32명에 달하는 한양대학교 출신들이 대거 출연하여 극장용의 무대를 가득 메웠다. 그 밖에 연출 강은구, 영상 윤민철, 음악 고석용, 조명 김성구 등에 이르기까지 각 분야의 전문가들이 가세하여 하나의 대작을 이루어 냈다.

이순신 역의 이정윤이 깃발을 크게 휘두르는 모습에는 남성적인 위엄, 기개, 호방이 묻어 나온다. 그를 따르는 남성 무리 역시 이러한 느낌에 힘을 더한다. 이어지는 여성 군무는 섬세하고 우아하고 대지친화적인 춤사위로 역동적인 남성 춤과는 다른 풍취를 풍긴다.

가장 쿰댄스컴퍼니다운 춤은 하얀색 의상에 커다란 흰 술을 든 여성 무용수들이 등장하면서부터다. 맺고 끊는 가운데 유려한 흐름을 지닌 춤사위라든가 일체성을 띤 악센트와 흡입력 높은 표현 등에 있어 단정하고 풍부한 장면이 실현되었다. 이후에는 보다 젊은 감각의 현대적인 분위기로 넘어가면서 춤의 변화가 커졌다. 컨템포러리한 스타일의 춤이 전개되면서 이전의 표현적인 한국창작무용과의 간극이 벌어진 것이다.

작품 전체를 놓고 볼 때 몇 차례에 걸쳐 춤의 분위기가 달라졌는데 안지형, 서연수, 이정윤 같은 조력자들의 성향과 역량에 따른 영향도 없지 않은 듯하다. 이는 60분간의 작품을 끌어가는 데 있어 다양한 변화로 여길 수 있으나 다른 한편 흐름의 맥을 끊을 수도 있다는 점을 고려해야 한다. 〈축제 70〉은 쿰댄스컴퍼니의 창단 20여 년의 저력을 축적하여 펼쳐 보인 대작으로 여겨진다. 쿰댄스컴퍼니만의 아우름의 축제는 충분히 이루어진 듯하다.

– 심정민, 『댄스포럼』 2015년 10월호

한국춤극에 있어서 스토리텔링 어법의 변화

광복 70주년을 맞아 서울시, 서울문화재단 그리고 한국문화예술위원회 등 기관의 지원으로 성대하게 올린 쿰무용단의 〈광복70주년 축제 70〉(부제 20150815)은, 춤 공연과 춤 전시가 한데 이루어진 이벤트성 강한 문화행사였다. 쿰무용단 예술감독인 김운미 교수의 이매방류 〈승무〉로 서막을 열었고, 쿰무용단 단원, 한양대학교 한국무용과 재학생, 그리고 특별출연진 등 총출연한 본무대인 〈축제 70〉이 공연됐는데 크게 2막으로 구성한, 그야말로 축제 성격의 공연이었다 할 수 있겠다.

지난 예술의전당 자유소극장에서 열렸던 묵간 공연, 〈시간의 역사〉의 내용에 대한 우려스러움이 있어서 한편으로 염려스러웠지만 이번 공연은 기우에 불과했음을 보여 주었다. "댄스 다큐 시리즈"라는 수식이 있는 만큼, 총 10장에 이르는 〈축제 70〉에서는 공연에 앞서 순국선열들의 넋을 위로하는 나름의 제의를 시작으로 과거, 현재의 대한민국이 있기까지를 과거의 사건별(임진왜란, 한일합방, 만세운동, 광복, 남북분단, 산업화 등)로 거슬러 올라갔다.

공연장 로비에서는 〈축제 70〉의 바탕이 된 〈성웅 이순신〉, 〈열사 유관순〉 등의 작품을 안무한 모친 이미라 선생에 관한 〈이미라 선생의 춤과 삶 美山(미산)〉이라는 제목의 전시회가 함께 열려 당시 사용했던 소품과 의상 그리고 공연 사진 등이 전시되어 한국춤극에 있어서 스토리텔링 어법의 변화를 공연 전후로 감지할 수 있었다.

– 이동우, 『춤』 2015년 11월호

춤으로 엮는 근현대사의 굵직한 역사적 사건

김운미 쿰무용단이 지난 9월 10일과 11일 이틀에 걸쳐 〈축제 70 – 20150815〉(국립중앙박물관 극장 용)
공연을 올렸다. '과거를 통해 미래를 꿈꾼다'를 모토로 춤과 영상, 전시가 어우러진 융·복합 프로
그램이라고 할 수 있다. 또한 "공연과 전시를 결합해 문화 한국 이미지의 표현을 넘어서 우리 역사
에 대한, 춤을 통한 이론적 탐구 과정도 보여 주고 싶었다."고 예술총감독이자 안무자인 김운미 교
수(한양대 예술체육대학장)는 말했다. 제목에서 숫자 '70'은 광복 70주년의 의미를 담은 것이다.

구성 면에서 〈축제 70〉은 한국 근현대사를 주요 사건별로 10여 개 장으로 나눈 옴니버스 형식을
취했다. 2015년, 그러니까 현재의 광화문 광장에서 시작되어 조선시대 임진왜란 때로 돌아갔다가
명성황후 시해 사건, 유관순 열사와 3·1 만세운동, 해방, 분단, 산업화 그리고 오늘날의 경쟁시
대로 이어진다. 한국 근현대사를 꿰뚫는 굵직굵직한 역사적 사건 또는 시대별 특징이 요약되었다
고 할 수 있다. 공연 시간도 70분이고 출연진만 해도 김경숙, 이정윤, 안지형, 서연수를 비롯해 쿰
무용단 서른다섯 명이나 되는 대작이다.

무대 뒤 배경에 현재 광화문의 모습을 찍은 영상이 흔들리듯 투사되고 무대에는 정지 화면인 듯 춤
꾼들이 도열한 모습이 보인다. 무대 맨 뒤에 한 남자 인물이 서 있고 무대 앞쪽에서는 한복 차림의
여인(김경숙)이 객석을 등지고 앉아 있다. 군무진 일부는 셀카봉을 들고 사진을 찍는가 하면, 너도
나도 이 춤을 추는 동안 여인은 움직이지 않는다.

장면이 바뀌어 군인 복장을 한 춤꾼들이 보인다. 그리고 무대 맨 뒤에 서 있던 인물이 보인다. 그
는 이순신이다. 왜적과 싸우는 그의 모습이 무대 위에서 펼쳐진다. 그리고 남성 춤꾼 7인의 역동
적인 군무가 이어진다. 한국의 근현대사를 따라가는 구성에서 이제 명성황후가 등장한다. 흰 속곳

같은 무대의상을 입은 여성 춤꾼들이 한 무리 등장하고, 그들 가운데서 대례복을 연상시키는 흰색 의상을 입은 명성황후(안지형)가 모습을 드러낸다. 그리고 무대를 가로질러 흰 천이 일정한 간격을 두고 드리워진다. 명성황후는 천과 천 사이에서 갇혀 있는 듯하다. 흰 천은 조명을 받아 핏빛으로 물들어 간다. 바닥에 깔린 흰 천 위를 여성 춤꾼이 굴러 몸에 감는다. 이어 유관순 열사를 비롯한 꽃다운 여학생들이 일본군에 짓밟히는 모습이 표현되는데, 흰 천으로 몸을 감싼 여성 춤꾼들을 남성 춤꾼들이 안은 채 높이 들었다가 내렸다가 한다.

그리고 군무진 사이에서 다들 떠나가는 사이에 한 여인(서연수)과 한 남자(이정윤)가 무대 중앙에서 만나 2인무를 춘다. 여태의 장면 중 가장 따뜻하고 애틋한 느낌이 피어났다.

그들을 떠나보내는 의식을 치르는 것인지 무당임 직한 여인(박진영)이 두 손에 흰색의 풍성한 지전(종이돈)을 들고 춤을 춘다. 한복을 입은 여인이 다시 등장한다. 향을 피운 향로를 들고 들어온다. 무당임 직한 여인이 한바탕 춤을 추고 난 뒤 한복 입은 여인은 무대를 차분히 돌며 바닥에 떨어진 종이를 줍는다. 마음을 갈무리하는 것 같다.

무대는 환기되듯 현대의 고층 빌딩 영상이 흔들리듯 배경 막에 비쳐지고, 젊은이들인 듯 춤꾼들이 발랄하게 무대 양쪽으로 나뉘어 한바탕 춤을 펼친다. 한국의 전통악기 연주에 맞춰 추는 춤은 한국춤도 서양춤도 아닌 오롯이 몸을 움직여 추는 춤이다.

마지막 군무진의 탭댄스가 펼쳐진다. 노란색 상의를 입은 춤꾼들의 탭댄스 소리가 경쾌하게 무대 위로 울려 퍼진다. 축제의 한 장면 같다. 어느 순간 무대 오른쪽 끝에서는 한 여성(윤선애)이 노래 부르는 소리가 청아하게 들린다. 이어 군무진의 손에 등불이 들린다. 환한 등불이 비치고 한쪽에서는 맑은 음성의 노래가 한동안 극장 안을 휘감는다. 희망을 표현하는 장면이 아닐까 싶다.

70분간 춤꾼들 다수가 등장하는 군무와 남성 7인무와 남녀 2인무 등이 잘 어우러졌다. 거의 흰색에 가까운 옅은 색 의상이 조명을 받아 빛깔이 살아났다. 백의민족을 표현했던 것일까. 공연 내내 현장에서 직접 연주된 음악은 전통과 현대의 음색이 교차하며 춤꾼들의 춤을 잘 받쳐 주었다. 김 교수와 오래 호흡을 맞춰 온 (연극)연출가 황두진과 작곡가 강은구의 앙상블이 돋보이는 작품이었다.

안무가 김운미의 안무 특징이 이 한 편에서도 드러났다. 한국창작춤에서 처음 '옴니버스 형식'이라는 예술 형식을 시도하고 역사적 기록을 춤으로 표현한 '다큐 댄스(documentary-dance: 기록춤)'라는 새로운 형식을 만들어 낸 것으로 잘 알려져 있다. 이순신 장군의 장면이 나오는가 하면 명성황후, 유관순 열사의 장면들이 각각 독립적이면서 전체 구성에 기여하고 있는 방식에서 그러하다. 또한 역사적 사실을 춤 움직임으로 표현했다는 점에서 다큐 댄스의 성향을 보여 주고 있다. 또한 이 작품은 '역사'와 '여성'이라는 소재에 천착해 온 것에서 더 심화된 작품이라고 할 수 있다.

그동안 발표한 작품들을 살펴보면 초기에는 〈누구라도 그러하듯이〉(1993), 〈함 1〉(2000), 〈함 2〉(2001)와 같이 여성과 관련한 작품이 있는가 하면 〈1919〉(1999), 〈그 한여름〉(2004), 〈축제〉(2005), 〈相生 - 2008 누구라도 그러하듯이〉(2008), 〈신화상생(神話相生)〉(2010), 〈신화상생 - 두 번째 이야기〉(2012)와 〈2013 신화상생〉(2013) 등과 같이 역사적인 소재를 비롯해 인간에 대한 이야기로 옮아가고 있는 것 같다. 그중 〈신화상생 - 두 번째 이야기〉에서는 김운미가 직접 출연한 바 있고 〈2013 신화상생〉은 한국춤과 테크놀로지를 결합한 융합 댄스의 선구적인 작품으로 잘 알려져 있다.

특히 이 한 편의 춤 공연에는 김운미와 관련한 여러 가지가 담겨 있다. 앞서 언급된 옴니버스 형식과 다큐 댄스라는 특징을 살린 것은 물론이요 김운미가 추구하는 교육 무용으로서의 기능이 최대한 살아났다고 할 수 있다. 또한 이것은 김운미의 어머니인 전통무용가 이미라가 추구해 온 역사극, 무용극을 어느 점에서는 잇고 있음을 부인할 수 없을 것이다. 공연장인 극장 용의 로비에 전시되어 있는 이미라의 사진들에서도 각별한 모녀의 정을 느낄 수 있었다. 김운미 교수의 첫 번째 안무작이 심 봉사와 심청을 다룬 〈孝養坊〉(1989)인 것을 보아도 은연중에 어머니 이미라의 영향이 컸음을 엿볼 수 있다.

– 이찬주, 『공연과 리뷰』 2015년 겨울호

2

여성

範疇

〈누구라도 그러하듯이〉 · (1993)

〈온달 1997〉 · (1997)

〈함〉 · (2000)

〈함 2〉 · (2001)

〈함 3 – 비단부채〉 · (2003)

〈상생 – 누구라도 그러하듯이〉 · (2008)

김운미는 쿰무용단을 창단하고 첫 공연으로 1993년 〈누구라도 그러하듯이〉를 올린 후 1997년 〈온달〉, 2000년 〈함(函)〉 시리즈, 2007년 〈푸리〉까지 사회적 관점에서 여성의 역할과 심리를 다루었다. 창단 작품인 1993년 〈누구라도 그러하듯이〉는 한국적인 인습이기도 하고 여성의 자아상실적 이슈인 남아선호사상과 낙태, 그리고 고부간의 갈등을 작품화한 것이었다.

1997년 〈온달〉은 어려운 환경 속에서 일반인이었던 온달을 고구려를 구하는 온달장군으로 변화시키는 평강공주라는 여성의 힘을, 〈함(函)〉은 여성의 출생과 결혼, 삶의 과정을 천을 감고 끌고 차고 풀고 하는 등의 형상과 춤사위계발과 이를 강조하는 의상과 소품 등을 통해서 여성의 역할에 대한 논의를 메시지화했다. 예로부터 여성과 천은 상징성을 공유하기에 이 점이 작품에서 최대한 활용되었음을 알 수 있다.

이와 같이 그녀는 작품을 시리즈화하여 사회문화적인 흐름을 부각시키면서 작품을 완성시켜 나가는 것을 선호한 듯하다. 그 예로 2008년 〈2008 누구라도 그러하듯이〉는 1993년 〈누구라도 그러하듯이〉 이후 21세기로 들어서면서 여성·남성이라는 성별을 떠나 삶의 굴레 속에서 소외되지 않고자, 뒤처지지 않고자, 더 빠르게, 더 높은 곳을 향하여 달리는 인간의 군상을 그리면서 스스로를 학대하고 정신과 육체를 피폐하게 만드는 것은 결국 우리임을 작품을 통해서 보여 주고자 했다. 이는 여성상·남성상에 대한 정형화된 대립이 아닌 인간은 화합하고 아울러야만 행복할 수 있다는 안무자의 강력한 의지가 표명된 것이었다.

현대사회에서 시간의 흐름은 모든 것을 새롭게 한다. 그녀의 작품에서도 음악, 세트 무용수에도 변화가 많아졌고 표현적인 변화를 이루고 있다.

〈누구라도 그러하듯이〉(1993)

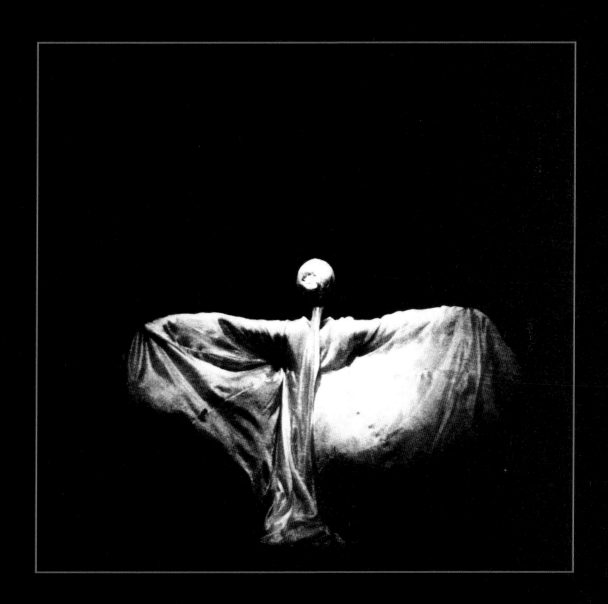

안무 의도

시대의 변천에 따라 여성의 지위 향상이 많이 이룩된 것이 사실이지만, 여전히 과거의 여성 못지 않게 현대를 살아가는 여성 역시 많은 굴레 속에 얽매여 살아가고 있다. 여성의 삶에 드리워져 있는 많은 굴레 가운데 하나가 소중한 생명을 잉태하는 과정에도 존재하는데, 이것은 남자아이를 선호하는 모습으로 나타난다. 여자를 인격적으로 낮추어 보던 남존여비(男尊女卑)의 시대에 남성들에 의해 만들어진 이 굴레를 이제 여성들이 자신의 권위를 정당화하고 사랑을 확인하는 방편으로 스스로 자신의 목에 거는 것은 아닌지?

주변의 시선이나 자격지심 때문에 아무 죄의식 없이 쉽게 행해지는 태아 지우기는 여성이 그들의 굴레를 벗어나는 도구가 아니라 반대로 귀중한 생명을 죽이고 여성 자신의 몸과 마음을 황폐하게 만드는 무덤에 다름 아닌 것이다. 이처럼 자신의 힘으로 굴레를 벗어나려 하지 않고 오히려 스스로의 권리를 부정하여 굴레 속에 들어감으로써 많은 것을 잃어 가는 모습을 통해 이 작품은 여성들

에게 경각심을 불러일으킬 수 있도록 안무를 하였다.

그리고 궁극에 있어 이러한 여성의 자기모순을 극복할 주체는 다름 아닌 여성 자신이라는 점도 강조하고자 하였다. 여성이 자신의 주체로서 스스로의 권위를 세우고 자신을 둘러싼 굴레에서 과감히 벗어날 때만이 가족 간의 올바른 관계도 정립되고 나아가 사회도 조화로운 모습을 지닐 수 있다는 것까지도 전해질 수 있기를 바라면서….

작품 줄거리

이미 두 딸을 가진 주인공은 아들을 바라는 남편과 시어머니의 은근한 기대와 자신의 희망으로 또다시 임신을 하게 된다. 시어머니는 자신의 권위와 행동을 정당화하기 위해 자신이 걸어온 길에 며느리를 끌어들이려는 마음에서 아들 낳기를 기대하고, 주인공은 주인공대로 남편과 시어머니의 바라는 바를 채워 주는 것이 그들에 대한 사랑이자 자신의 행복을 지키는 길이라는 생각에 아들을

기대한다. 그러나 병원에서의 검사 결과, 아들이라 믿었던 기대는 산산이 부서지고 주인공은 아무런 죄의식 없이 낙태수술을 감행한다.

수술 후 망가진 몸을 돌아보며 어린 생명을 죽인 자신의 행위가 일종의 살인행위였다는 죄의식에 사로잡혀 번민하는 주인공이지만, 시간이 흐르면서 자기 존재에 대한 의식을 상실한 채 다시 자기를 둘러싸고 있는 일상으로 회귀하고자 노력한다. 이상에서 보듯 여성을 둘러싸고 있는 굴레를 벗어던질 수 있는 사람은 다른 어느 누구도 아닌 여자 자신이라는 사실을 이 작품은 내용으로 하고 있다.

세대교체란 말 실감시킨 신진들의 공연, 김운미의 〈누구나 그러하듯이〉

호암아트홀에서 있은 김운미의 안무가로서의 데뷔 무대(11월 21일)는 기대 이상의 수작을 우리 앞에 제공했다. 한국창작무용에서 두드러지게 좋은 안무작을 만나기 어려운 금년 무대에 이 김운미의 무대는 정말 유쾌한 만남이 아닐 수 없었다.

우리는 항상 뭔가 새로운 작품, 밀도가 높은 창작력이 돋보이는 작품들을 찾고 있다. 최근 복고조로 돌아서고 있는 창작무용의 판을 보면서 미래의 무용계를 걱정스런 눈으로 볼 수밖에 없는 암울함 같은 것을 느껴 왔는데. 이 늦가을 김운미의 등장은 침체된 창작무용 쪽에 새바람을 몰고 오기에 충분한 것이었다. 이번 〈누구라도 그러하듯이〉라는 작품이 수작이었음은 물론 그 작품에서 그의 스케일과 단단한 지성을 함께 목격했기 때문에 감히 이러한 진단을 내릴 수 있는 것이다. 능력 있는 무용가 한 사람이 얼마나 중요한가. 그 한 사람에 의해서 춤의 흐름이 바뀔 수도 있는 것이다. 나는 그런 의미에서도 김운미를 기대한다.

작품 〈누구라도 그러하듯이〉는 아들을 낳으라고 종용하는 시어머니와 남편, 시누이들, 초음파검사 결과 딸임이 밝혀지자 낙태를 선택하고 마는 여자, 그리고 태어나지 못한 생명들의 아우성 등의 모티브를 전개해 나간 극무용이다. 그동안 춤으로도 많이 취급되어 온 아들을 원하는 사회에서의 여성들의 문제를 언뜻 평범한 구조로 무용극화한 것임에도 이것이 새로울 수 있었던 것은 전적으로 안무자 김운미의 구성 능력에서 기인한다. 안무자는 한국 창작무용에서는 보기 드물게 꼴로르 스트링 퀸테트라는 실내악단을 등장시켰다. 피아노와 첼로(나에게는 그렇게 들렸으나 여기에 대한 확신은 없다)가 중추가 되어 끌고 나간 강은구의 음악은 춤 작품으로는 대작에 드는 이 극무용을 숨 돌릴 틈도 없이 긴장미를 연출해 냈다. 생음악의 현장적인 효과는 좋은 음악뿐 아니라 무용수를 긴장시키기도 해 관객을 더욱 작품에 몰입시켰다. 팽팽한 현을 긁는 긴장으로 주제를 향해 한 발 한 발 다가가는 이미지가 이 작품의 전체적인 인상이었다.

극무용답게 이 작품에서는 음악뿐 아니라 미술, 조명 등 종합적인 무대요소들이 춤을 향해 모였다. 손호성의 무대미술은 극의 효과를 연출하는 절대적인 요소로 관객을 설정된 장면 속으로 데려

다주는 가장 효과적인 역할을 한다. 중요한 것은 무대미술이 작품 전체를 좌우할 정도로 깊이 있게 몫을 하고 있었지만 그것이 움직이는 무용수들을 짓누르지 않았다는 점이다. 미술은 천으로 무대 좌우 후면을 감싸는 등 단순하게 처리되었음에도 불구하고 그 효과를 극대화시키고 있다. 컬러가 진한 톤인 탓일까. 인상을 깊이 남긴다.

음악과 미술, 조명들이 적절하게 역할 분담을 해 조화를 이룬 균형미를 창출할 수 있는 것이 안무자의 능력이다. 결코 익숙하지 않은 이름의 무용수들을 데리고 김운미가 강한 톤의 미술과 음악을 버티어 냈다는 것은 그의 안무 구성력 덕분이다. 감히 지적인 그의 분석력과 상황을 볼 줄 아는 능력을 지적할 수 있겠고, 첫 제작에서 보여 주는 젊은 무용가들이 엄두 못 낼 스케일에서 춤에 대한 그의 의지를 읽게 한다.

장면은 빠른 템포로 전환된다. 자궁 안의 세포들의 춤. 단란함과 화목이 있는 가족관계. 아들을 기대하는 마음의 표현. 병원에서의 검사. 그리고 불안한 주인공의 마음을 비추는 춤. 병원의 낙태 수술 장면. 죄의식에 괴로운 마음의 표현. 다시 삶으로의 복귀…. 이런 장면들인데, 이것이 빠른 전환과 극적 긴장감을 연출하면서 전개된다. 나에게 가장 인상적인 장면은 무대 한쪽의 높은 단위에 여성을 놓고 어둠 속에서 푸르스름한 조명을 그에게 비추고 단 밑 무대의 어둠이 반사되는 곳이었다. 실루엣의 연출로 극적 효과를 낸 이 장면은 어느 한편의 그로테스크하고 어느 한편으로는 탐미적인 정서를 자극한다. 그 외 전율을 느끼게 하는 많은 장면들이 연결된다.

그러나 상황 전환을 위해 너무 구체적인 장면들도 없지는 않았다. 예를 들어 수술 장면의 의사들 등장이라든지, 그 후의 쓰레기통으로 널려 있는 붉은 천을 주워 담는 장면이라든지…. 앞으로 김운미가 춤 작품의 완성도에서 보다 차원을 높이려면 보다 상징적인 이미지의 연출이 필요하다고 말하고 싶다. 이 작품에서 주인공을 맡은 무용수들이 뿜어내는 느낌은 꽤 성숙하다.

보다 현실적인 주제의 한국창작춤을 보는 것은 흔치 않다. 김운미가 앞으로 이러한 문제를 고유의 한국춤 정신이나 동작을 개발하는 자기 메소드를 확립하고 그것을 어떻게 수준 높은 정서로 승화시키는지를 지켜보고 싶다.

– 김경애,『춤』94년 1월호

〈온달 1997〉(1997)

안무 의도

현대는 경쟁의 시대! 가정에서 또 사회에서 남녀 모두 누가 우위냐를 경쟁하면서 목적 없는 달리기로 에너지를 소비하는 요즈음, 고구려 시대 맹장이었던 온달을 생각해 보았다.

온달은 당시 개성이 강한 평강공주에게 선택되어 그녀의 완벽한 내조에 힘입어 사람이 이 세상에서 삼불휴(三不休: 學, 功, 德) 중 어느 하나만 이루어도 영원히 살 수 있는데 이 모든 것을 다 이룬 남성이다. 이는 전적으로 평강공주의 힘이며, 평강공주는 온달이라는 남성을 통해 자신의 꿈을 이루었다.

과연 온달과 평강은 행복했을까? 오늘날까지도 많은 남성들은 여성들의 능력을 의심하고 무시하여 여성의 말에 귀 기울이는 것을 꺼리고 있으며, 사회적 평가에서도 그러한 관념적인 틀을 벗어나진 못하고 있다.

온달과 평강은 행복했을까 - "현대적 재조명"

온달과 평강공주는 과연 행복했을까? 헌신적인 내조로 바보 온달을 고구려의 맹장으로 만들었던 평강공주를 현대적인 시각에서 재조명해 보는 춤 무대이다. 〈온달 1997〉은 온달과 평강의 이야기를 재해석, 현대사회에서 진정한 행복의 의미를 찾아보려 한 작품 요소이다. 춤의 기둥 줄거리는 남녀차별을 비롯한 온갖 불공정한 경쟁에서 좌절한 도시 처녀 평강이 절망 속에서 시골 청년 온달을 만나 사랑에 빠지고 그를 통해 자신의 꿈을 실현하려 하지만, 온달이 결국 평강의 기대를 충족시키지 못하고 쓰러져 버린다는 내용이다.

안무자 김운미(한양대 교수)는 이매방류 승무 이수자로 승무, 살풀이 등 전통춤사위에 정통하지만, 이번 작품에서는 우리춤의 태와 디딤새는 살아 있되 현대적인 요소가 가미된 다양한 동작을 구사한다. 전통 춤사위에 의존하기보다는 무용의 종합예술로서의 성격을 최대한 살려 메시지 전달에 치중하겠다는 것이 안무 의도이다.

음악은 12명으로 구성된 실내악단 멜로매니아 체임버오케스트라와 국악원 사물놀이팀의 박은하가 함께하는 라이브 연주를 마련해 전통과 현대의 조화를 꾀했다. 의상도 고구려 복식을 기본으로 하면서 소재는 비닐 위에 망사를 입힌 현대적인 것을 사용한다. 또 온달이 지위가 격상되는 모습을 옷을 통해 표현, 마지막에는 그 옷에 짓눌려 죽어 가는 것으로 설정했다. 김운미는 지금까지 낙태를 주제로 한 〈누구라도 그러하듯이〉(1993), 여성독립운동가를 그린 〈조선의 눈보라〉(1995) 등을 통해 주제 의식이 강한 춤 세계를 펼쳐 왔다.

– 이은경, 『국민일보』97년 8월 23일자

한국창작춤과 현대무용 사이 – 김운미의 춤 〈온달 1997〉

이른바 '한국창작무용'으로 불리는 한국춤에 근거한 오늘의 무용이 당착에 빠진 지는 사실상 오래되었다. 90년대에 들어서면서 창작 의욕이 한풀 꺾이고 활로를 모색하는 노력조차 크게 두드러지지 않는 현실이다.

김운미의 〈온달 1997〉(8월 28일 문예회관대극장)은 한국창작춤의 과감한 무대무용으로서의 도전이라는 점에서 공연 의의를 둘 수 있다. 종래 김운미의 작업은 무용극이라는 형식을 나름대로 분해해서 또 다른 극의 형식을 빌린 이른바 신무용의 큰 줄기에 있었다. 이번 〈온달 1997〉이 그의 극무용의 형식을 완전 해체한 것은 아니다. 구조는 그대로 있으며 그가 추구한 것은 표현의 감각적인 기법이다. 무대 미술이나, 조명, 그리고 의상 등 제반 동반 예술의 컬러와 기법을 과감하게 가져가 완전히 다른 김운미의 춤 세계를 모험하고 있다. 7개의 장면 전환에 스피드가 있고 무용수의 동작 역시 안무자의 과격한 현실 탈출구의 몸부림을 엿보게 한다.

바보 온달의 옛이야기에서 주제를 착안해 안무자는 오늘을 사는 현대사회를 그려 내어 평강공주에게 선택되어 그녀의 내조로 바보 온달이 위인으로 성장한다는 이야기에서 찾고자 하는 안무자의 주제는 여성의 가정적·사회적인 힘을 강조하되 요즘 여권운동가들이 부르짖는 여성의 현실 참여와는 다른 차원의 것이다. 사랑의 힘, 과연 진정한 여성의 힘은 무엇인가에 대한 해답이다. 그녀의 답은 여성과 남성의 관념적인 틀을 벗어나 서로 존중하며 융화해야 한다는 교훈적인 것이다.

안무자는 작품 제목 그대로 1997년 오늘의 현실을 사는 평강과 온달로 설정했다. 도시의 휘황찬란한 네온처럼 무대는 다소 복잡하고 형광색 컬러로 시작된다. 실질적인 색채가 그렇다는 것이 아니라, 안무자의 무용수를 배치하고 움직이게 한 구성법이 컬러풀하다는 것이다. 사회 경쟁에서 탈락한 평강의 좌절, 그리고 온달과의 만남, 둘의 사랑, 그러나 안무자는 원이야기의 해피엔딩을 사용하지 않고 온달을 죽게 한다. 사랑의 힘을 주장하는 안무자는 일종의 허무주의적인 결과로 돌연 회귀하고는 또 다른 시작이라는 장을 붙여 새로이 나다니는 온달, 그 새로운 기대로 마무리한다. 이 부분은 상징적인 발상이며 지나치게 인위적이다. 삶을 긍정적으로 인식하기 위한 인식의 결과처럼 느껴진다.

아무튼 한양대를 기반으로 아직 설익은 학생들을 무대에서 무용수로 만들어 내는 김운미의 일련의 작업에서 '무대무용'으로서의 한국창작무용의 새로운 활로를 모색하고 있음을 보여 주었다.

다양한 동작 개발과 순화된 감각의 다음 작품을 기대해 볼 수 있는 것은 그가 과감하게 '현대성'으로의 문을 열었다는 점 때문이다.

- 김경애, 『춤』97년 11월호

〈함〉(2000)

안무 의도

함(函) - 너의 몸은 전쟁터, 너는 너 자신이 아니다. 너의 이름은?

여성들은 오랫동안 역사의 그늘 속에 방치되어 왔다. 복종적이기만 했던 여인들에게 함(函)은 마치 소중하고 귀한 것을 넣어 두는 상자처럼 보였다. 그러나 오늘날에 와서 그것은 그리스 신화에 나오는 호기심 많은 판도라가 열었던 상자처럼 고통과 시련의 상징이 되고 있다. 과연 그 속에 희망은 있는 것인가?

새롭다는 것이 반드시 창작을 의미하는가?

한국무용연구회가 주최하는 한국무용제전(3월 10~11일 문예회관)은 올해로 15회째다. 동문단체가 아님에도 불구하고 1985년 이후 한 해도 거르지 않은 힘이 크게 느껴졌다. 올해는 6명의 무용가들이 작품을 내놓았다. 모두 창작품이었지만 창작의 무게를 지탱하지 못하는 경우도 있었고, 다른 무대를 인용하는 데 주력한 경우도 있었다.

평소에 한국무용계를 보면서 창작에 집착하는 원인을 생각해 봤다. '새로운 것'만이 가치가 있다는 뜻을 신무용 이래로 잘못 해석한 것이 아닌가 의심이 든다. 새 작품을 높이 평가하는 것은 그것이 역사적으로 가치가 있을 때에 해당된다. 새로운 작품이 그렇게 나온다면 예술 작업이 어려울 이유도 없다. 지금 같은 창작 과도기에는 원작자가 생존해 있는 한국무용 재안무 작업이 창작 못지않게 소중하다. 그 뿌리가 바로 서야 한국춤 창작에 대한 진정한 평가가 가능할 것이다. 또한 좋은 작품을 반복하면서 춤출 전문 무용가도 그립다.

창작을 염두에 두고 본 이번 무대에서 김운미의 〈함(函)〉은 보다 강도 높은 변혁을 시도했다. 김운미의 〈함〉은 니진스카의 〈결혼〉을 한국판으로 보는 듯했다. 니진스카에 의하면 결혼은 미화된 구속이고, 이로 인해 여성은 합법적으로 착취당한다. 김운미 역시 〈함〉을 '고통과 시련의 상징'으로 보았다.

〈함〉은 특히 구성에 변화를 줌으로써 한국무용 춤사위로도 색다른 작품이 가능함을 보였다. 남녀 2인무는 한 가지 포즈로 기나긴 여자 이야기를 전달하도록 삽입됐는데, 앞과 뒤에서의 역동성이 그 상징성을 강하게 밑받침했다. '색시들의 반란'이 결혼식 포즈로 마무리된 것까지, 새로운 안무 틀을 제시한 것은 성공적인 측면이었다. 아울러 〈함〉에서만 볼 수 있는 독특한 감정의 동작들을 발견한 것도 특기하고 싶다. 긴장감 있고 감정이 연결되는, 한국춤에서는 매우 드문 경우였다. 구성 작업의 현대화를 제시한 한국무용가로 꼽고 싶다.

– 문애령, 『객석』 2000년 4월호

오늘의 한국무용 - 2000 한국무용제전

무대 측면에서 6명의 무용수들이 굴러서 들어온 김운미의 〈함(函)〉에서는 원시의 음향이 테크노의 음으로, 그리고 그다음에는 신중현의 〈미인〉 연주로 변한다. 조용한 해학의 분위기가 슬그머니 웃음을 짓게 만든다. 다시 아프리카 타악기 음에 맞춘 개량한복의 무용수들의 움직임에 생동감이 살아 있다. 남녀 2인무가 선명한 움직임을 만들 때, 군무들이 함을 지고 무대 앞을 가로지른다. 이번 작품은 한국창작춤으로서는 다양하고 과감한 음악과 움직임의 실험이었다. 어떻게 보면 좀 더 과감할 필요가 있고, 물론 이때, 새로운 움직임에 대한 트레이닝도 더욱 강화시킬 필요가 있다.

– 송종건, 『댄스포럼』 2000년 4월호

여성의 실존에 대한 새로운 눈뜸과 자각

여성성에 대한 물음으로부터 시작되는 김운미의 〈함(函)〉은 평소 그녀의 안무 스타일을 벗어나는 조금은 파격적인 작품으로 읽혔다. 김운미 문하에서 성장한 무용수들이 전진 배치되었다. 안정된 춤 기량을 보유한 군무에 간간이 삽입되는 2인무 등 매끄럽고 짜임새 있는 구조를 보여 주었다. 이국풍의 구음에서 대중가요, 그리고 타악의 강한 리듬 등 다양한 요소들이 부딪히는 강은구의 음악 편집 역시 그런대로 주효했다.

문제는 후반부에 있었다. 무용수들은 상체를 훤히 드러낸 채 긴 드레스를 입고 춤을 춘다. 부드러움과 과격함이 교차되어 표현되는 몸놀림은 그런대로 전반부의 조여진 듯한 움직임에 비해 자율성을 옹호하고 있다는 측면에서 긍정적이었다. 또 작품의 흐름에서 가부장적이고 종속적인 전통적

관념 속에서 이탈되는 과정에서 여성이 자기 실존에 대한 새로운 눈뜸과 자각이라는 면에서 퍽 능동적인 선택으로 해석되기도 한다.

전기에 감전된 듯 온몸을 순간적으로 뒤튼다거나 몸 전체를 하향했다가 갑자기 튕겨져 오르면서 좌우로 확대해 가는 등 상당히 익숙해 있는 몸놀림이 즐비하게 펼쳐졌다.

— 성기숙, 『댄스포럼』2004년 4월호

예속되는 여성의 운명

3월 10일에 올려진 세 작품 중 김운미 무용단의 〈함〉은 후반부 공연작으로 춤이 전반부의 공연작을 만회한 작품이었다. 함은 혼서지와 채단 등을 상자에 넣어 신부 집으로 보내는 우리의 옛 혼인 풍습이다. 처녀가 지아비의 아내가 되는 구속의 상징이기도 하다. 안무자가 풀어 쓴 춤 마지막 장면, 신랑 신부 조역들 뒤 면사포를 쓴 신부의 상징을 나는 '김운미의 산문'이라고 보고 싶다. 무엇에 예속되었을 때 그것으로부터 자유로울 수 없는 게 안무자의 말대로 '그 속에 희망이 있는지?'가 의문이기 때문이고, 그 의문의 유예가 우리의 삶이라는 것을 시사한다. 신중현의 〈미인〉 같은 노래를 춤 행간에 삽입시킨 것은 고려해 봄직하다. 신인 김신아는 이 무용단의 뜨는 별이었다.

— 김영태, 『춤』2000년 4월호

안무 의도

1. 여자, 남자, 그리고… 여자

침묵의 동굴은 더욱 깊어만 가고….

나는 늘 고상하게 도취되어 있다.

2. 함

두 사람이 한 몸이 됐다.

여자는 천천히 해체된다.

동굴에 내걸린 거미줄 사이로….

한 여자가 희미하게 웃고 있다.

3. 내 몸은 전쟁터!

옷자락 붙잡는 아쉬움….

세수하고 얌전히 올린 머리,

부글부글 끓는 속.

무심히 앉아 다림질 하는 나는…

나는 이미 다림질당한 여자.

4. 이제 너는 너 자신이 아니다

세월의 손끝이 닿은 기억 한 모퉁이에서

점점 커지는 구멍. 그래, 그것은 운명!

나는 나를 구원할 이는 누구?

믿고 싶다. 미치고 싶다. 버리고 싶다.

부끄럽다. 정말정말 슬프다.

5. 너의 이름은?

모든 여자는 생명을 낳는다. 모든 생명은 자유를 낳는다.

모든 자유는 해방을 낳는다. 모든 해방은 평화를 낳는다.

모든 평화는 평등을 낳는다. 모든 평등은 행복을 낳는다.

여성들아! 말하자. 깊이 생각하자. 그리고 행동하자.

작품 줄거리

1. 함 사세요!

사람들의 축복 속에서 화려한 모습을 한 채 아버지의 손을 놓고 다른 남자의 손을 잡은 여자. 저기 또 다른 여자인 어머니의 손이 그립다. 두 사람이 하나가 되었다는 선언은 정녕 여자에게 유폐의 봉인을 의미하는 것인가? 여자는 천천히 해체되고…. 동굴 속의 어지러운 거미줄 사이로 한 여자가 나올 줄도 모르고 희미하게 웃고만 있다.

2. 남자, 여자, 그리고…

늘 하던 습관처럼 그 누구와 약속이나 한 듯 서두르지만 허공을 잡고 있는 기다림. 서성거리다 지친 체념. 문 밖으로 나서려 할 때마다 옷자락을 붙잡는 아쉬움. 메마른 가슴 소리 죽여 울며 결심해 보아도 뒤돌아보면 아스라이 눈가에 보고픔 새기고 있네.

3. 비단 부채

대나무 부챗살에 비단이 입혀져 비단 부채가 되는 것은, 검은 흙 속을 아주 오래 무던히 걸어온 시간들이 단단하게 뭉쳐 있다가 풀리면서 꽃이 피거나 열매 맺는 일과 같은 것을….

4. 이제 너는 너 자신이 아니다

그래! 이제는 운명으로 받아들여야 한다고, 그저 받아들여야만 하는 체념이 필요하다고 스스로 다짐하면서도…. 부챗살에서 떨어지지 않으려는 끈질긴, 그러면서도 신성한 이름의 비단, 여자! 시도 때도 없는 인내와 고통, 기쁨과 슬픔의 연속이 있을 뿐이지만, 그것은 우리들이 인생이라고 부르는 고귀한 무엇!

김운미무용단의 〈함 2〉

〈함 2〉(9월 18일 오후 8시 서울 문예회관 대극장)는 남편의 뒷바라지와 아이들 교육으로 절반의 삶을 보낸 뒤 정체성 상실에 고민하는 중년 여성들의 삶을 희화적이면서 편안한 춤으로 그려 낸 무대였다.

모두 5장으로 구성된 이 작품은 영상으로 시작됐다. 젖 먹이는 어머니, 단체사진에서 쭈뼛거리며 뒤로 물러나 있는 여인들, 동생을 업고 있는 소녀, 물동이를 진 아낙, 장옷을 입고 활짝 웃고 있는 할머니 등 구한말부터 현재에까지 이르는 다양한 여성들의 삶을 포착한 단편들이 투사됐다. 활짝 웃는 할머니의 사진으로 끝이 난다는 점에서 여성 문제를 다루고 있지만 파국으로 끝나지는 않을 것이라는 암시를 줬다.

1장 '여자, 남자, 그리고 여자'는 무관심의 늪에서 고민하는 여성의 삶이다. 아이들은 어느 정도 커서 자기의 삶을 찾아 나갔다. 남편은 일밖에 모른다. 남편이나 아이들이 자신에 대한 일상적 사랑을 표시하지만, 여성이 원하는 것은 그 이상이다. 궁극적으로 자신의 삶에 대한 정체성이다. 결혼 전에는 여성에게도 꿈과 희망이 있었다. 그러나 지금은 그것이 없다. 이 같은 갈등이 연극의 희화성과 춤의 율동성의 중간쯤에서 잔잔하게 그려졌다.

결혼을 통해 여성에게 일방적으로 강요되는 질곡을 표현한 2장 '함'은 국악과 구음, 사이렌 소리, 록 음악 등에 실려 천을 이용한 상징적인 춤이 점층법적으로 표현됐다. 고치처럼 누웠다가, 일어서 꼭두각시 춤을 추고, 이제 팔을 빼고 움직이며 온몸을 질곡처럼 칭칭 동여맨 천을 아이의 포대기처럼 사용하는 등 하나의 천으로 상황의 변화를 쉽고 재미있게 표현하면서, 음악도 구음에서부터 사이렌, 하드록으로 점점 리듬과 비트가 큰 음악 또는 음향으로 느낌을 집어넣은 것이 시청각적으로 좋은 효과를 줬다.

3장 '내 몸은 전쟁터!'는 업보와 같은 여성의 간고한 삶이 속도감 있는 춤에 실려 출세의 먼 산만 보는 남자의 춤과 대조를 이뤘다. 그러나 '내 몸은 전쟁터'라고 외친 미국 작가 신디 셔먼의 그 가열찬 투쟁성은 보이지 않는다. 오히려 외로움에, 상실감에 빠진 가벼운 느낌이어서 아쉬웠다.

여성들의 깨달음의 춤(4장 '이제 너는 너 자신이 아니다')에 이어 업보를 벗어던지고 자신의 정체성을 찾은 여성들의 자유로운 해방의 삶(5장 '너의 이름은')이 재즈, 록, 테크노 등 귀에 익은 음악에 실려 화려하게 펼쳐졌다.

이 작품은 춤이 더 많은 관객들과 만나기 위해 쉽고 편한 상징의 사용과 신나면서 아름다운 춤과 음악을 통해 약간은 무거운 주제를 효과적으로 전달하는 데 성공했다.

– 김승현, 『춤』 2001년 10월호

함의 이미지로 응축시킨 여성과 결혼

함(函)은 혼례를 앞두고 신랑 집에서 신부 집으로 예물과 혼서지를 담아 보내는 상자다. 혼서지는 결혼을 허락해 준 것에 감사한다는 뜻의 일종의 편지인데, 이 혼서지는 여자로서 일부종사의 절개를 상징하며 여자가 죽을 때 관 속에 넣어 보냈다고 한다. 따라서 함은 단순히 예물을 주고받는 의식의 도구가 아니라, 여성의 결혼과 죽음까지를 상징하는 것이다.

남녀의 사회적 지위나 역할에 많은 변화를 겪은 현대에도 결혼 전에 '함을 받는다'는 의미는 남편에게 순종하며 자식을 낳아 대를 잇겠다는 약속을 크게 벗어나지 못하고 있다. 하지만 결혼이 여성을 온전한 행복으로 이끈다는 전제가 없다면 여전히 함은 뚜껑을 여는 순간 온갖 나쁜 것들이 튀어 나오는 판도라의 상자로 돌변할 수도 있다.

중년 여성 안무자의 시각으로 본 함은, 결혼은, 가정은 어떤 의미일까. 한양대 김운미 교수는 자신의 안무작 〈함(函) 2〉(2001년 9월 18일 오후 8시 문예회관 대극장)에서 함이 판도라의 상자라 할지라도 질병과 재앙, 슬픔과 괴로움이 빠져나간 자리에 남아 꿈틀거리는 '희망'이 남아 있음을 춤으로 보여 주었다. "가정이라는 상자 안에서도 여성의 삶을 좀 더 풍성하게 채색할 수 있다. 이탈보다는 결혼이라는 틀 안에서 남성과 여성이 서로 공존할 수 있는 방향을 찾자."는 '온정적인' 결론이다.

〈함(函) 2〉에서는 〈함(函) 1〉에 비해 결혼을 통한 여성들의 삶의 변화와 그에 따른 심리적 갈등을 더 포괄적으로 그렸고, 결혼과 여성의 삶이라는 주제 접근을 위한 세대 구분도 구한말에서부터 현대에 이르기까지 그 폭을 넓혔다. 이는 작품 전반부에서 구한말부터 현대에 이르는 여성들의 질퍽한 삶의 모습을 담은 흑백영상과 1시간 동안 국악, 클래식, 가요, 팝송에 이르기까지 수없이 전환되는 음악을 통해 전해진다. 하지만 작품 전체를 관통하는 극 중 주인공은 결코 짧지 않은 결혼 생활을 거쳐 안정과 동시에 허무와 외로움을 느끼는 중년 여성이다.

아울러 무용언어가 가지는 모호함을 음악의 구체성으로 극복한 점이 특기할 만하다. 안무자가 허무와 외로움을 말하고 싶을 때는 피리, 가야금 같은 국악기의 연주를. 섬세한 심리의 흐름을 엮을 때는 클래식을, 자유와 해방을 외치는 대목에서는 테크노를 넘나들었고 필요에 따라 〈미인〉 같은 가요를 삽입하기도 했다. 음악의 잦은 반전이 몰입을 저해하는 요소가 되기도 했으나 전반적으로는 춤 공연에 익숙하지 않은 일반관객들도 부담 없이 안무자의 정서 흐름에 편승할 수 있게 한 것이 음악이었다.

또 안무자가 의도적으로 가미한 연극적 설정이나 족두리, 얹은머리, 양동이, 보따리 같은 소품 들고 관객의 공감을 이끌어 내기 위한 배려의 흔적으로 보인다.

막이 오르고 여성들의 다양한 모습을 담은 사진이 무대 배경막에 비춰질 때 마치 사진 속 풍경처럼 여자 무용수가 영상 앞에서 사진을 배경으로 느리게 움직인다. 여성의 질곡의 삶을 그림 작품임을 암시하는 영상이 프롤로그처럼 이미지화되고 나면 신문과 노트북을 앞에 두고 일에 파묻힌 남자(박준용)와 관심에 목말라하며 그의 주변을 배회하는 여자가 등장한다. 테이블보를 덮는 것으로 상징된 반복되는 가사노동과 남편의 무관심에 이미 여자의 심리는 외로움과 절망으로 치닫는다. 남자의 어깨에 기대어도 보지만 그에게는 아내의 외로움을 다독여 줄 겨를이 없다.

상황을 보여 주기 위해 연극성은 짙었지만 움직임은 연극적이기보다 무용적이었던 장면이 지나고 김신아와 남자 무용수 두 명이 등장한다. 이 혼성 3인무와 이어지는 여성 3인무에서는 모두 양팔을 벌린 채 빠르게 회전하는 동작이 주를 이룬다. 작품 전체를 봤을 때 높은 빈도를 차지하는 이 동작은 외로움, 갈등 같은 감정을 증폭시키는 역할을 한다.

붓글씨가 써진 천을 온몸에 칭칭 두르고 족두리를 쓴 6명의 무용수가 몸은 갇힌 채 얼굴만 내놓고 가로로 나란히 서서 춤을 추는데 고개만 좌우, 상하로 까딱거리고 몸은 천 속에 남아 있다. 엉덩이를 뒤로 한껏 뺀 채 여성의 육체적 특징을 극대화시킨 춤이지만 매우 풍자적으로 희화화되어 있다. 몸을 감싼 천도 작품 제목인 '함'을 상징하는데 '싸인다'는 의미 자체에 함, 잉태, 얽매임, 구속, 억압 같은 다중성을 함의하고 있다.

특히 가수 신중현의 〈미인〉에 맞춰 위로 폴짝 뛰고, 90도로 허리를 구부린 채로 엉덩이를 뒤로 빼고 걷는 코믹한 동작은 분위기 전환의 효과를 가졌다. 물동이 군무 장면에서는 타악기 음향에서 전자음악으로 흐르며 빠르게 원형으로 우물가를 돌고, 풀고, 머리에 물동이를 이거나 바닥에 내려놓는다. 여성들의 공감대가 형성되는 노동의 상징으로서 빨래터 장면이나 물동이 춤은 기존의 춤 작품에서도 많이 등장했던 설정인 만큼 좀 더 참신한 아이디어가 있었으면 하는 아쉬움이 있었다.

빠른 군무에 뒤이어지는 흰 소복을 입은 여자 무용수의 느린 솔로가 다시 한 가정에 귀속되어야 하는 여성을 상징적으로 보여 준 후, 남녀 듀엣을 통해 자신의 행복 추구보다는 남자의 의도에 자신의 가치관을 맞춰야 하는 여성을 그린다.

다음 장면에서는 무대 왼쪽 뒤편에 언덕 모양의 무대장치와 주변에 수풀들이 놓여 있다. 가로로 무대를 가로질러 간격을 두고 세 줄로 늘어선 무용수들이 이제부터 지루하고 힘겨운 '여자의 일생'을 보여 준다. 앞줄은 보따리를 들고 누워서 무릎을 굽혀 가면서 뒤(무대의 오른쪽)로 조금씩 움직이고, 가운데 줄은 무릎을 꿇고 보따리를 끌면서 전진하거나 앞으로 구른다. 뒷줄은 보따리를 들고 한 발짝씩 걸어간다. 인생은 누구에게나, 특히 여성에게는 길고 모진 것이며, 끊임없이 반복되는 가사노동은 끝이 보이지 않는다. 그럼에도 보따리(인생의 무게, 책임, 그리고 함)를 내려놓을 수는 없다.

그 사이로 한 여자는 어깨가 드러난 검은 드레스를 입고 얹은머리를 하고 등장한다. 기혼 여성의 상징인 얹은머리 밑으로 바닥에 끌리도록 땋은 머리도 뒤로 늘어져 있다. 한 가정의 주부이자 아내이자 어머니로서의 세월이 지날수록 여성을 옥죄는 책임과 삶의 무게는 점점 커져 머리를 짓누를 듯이 무거워 보인다. 그리도 어쩔 수 없는 것. 층층이 쌓아 올린 삶을 지고 여자는 힘겹게 언덕을, 세월을 올라간다.

후반부의 전개는 빠르고 강하다. 파란 치마와 흰 저고리가 색상대비를 이루는 한복을 입은 4명이 사이렌 소리와 함께 전투적인 기세로 몸을 움직인다. 이윽고 강한 전자음과 억눌렸던 욕구가 분출되어 커지고 대담해지는 동작으로 번지기 시작한다. 군무의 계속적 반복과 변주는 앞서의 것들보다 훨씬 무대를 자유롭게 사용하는데, 이 군무는 예각의 느낌을 주는 바이올린 소리가 가미되긴 하지만 전반적으로 타악 소리를 배경으로 한다. 남성 무용수들의 박력 있는 군무와는 구별되는 여성적인 동시에 강인한 에너지를 느낄 수 있었다. 움직임 스타일도 굳이 한국춤에 얽매여 있지 않고 자유롭다. 여기에 '자유를 느껴 봐.' 하는 가사가 들리는 테크노풍의 가요가 덧씌워져 안무자의 장면 구축에 구체성과 논리를 부여한다.

마지막 장면에서는 무대 오른쪽 앞쪽에서 면사포에 드레스 입은 여자 뒷모습과 정면을 향해 있는 전통혼례 치르는 남녀 한 쌍이 서 있고 조명이 빠르게 꺼진다. 과거에도 그랬듯이 현대의 여성들도 망설이고 결혼하고 굴레를 힘들어하고 결국은 짊어지고 하는 것이다. 이 마지막 장면처럼 '함(결혼)'이라는 판도라의 상자는 지금도 끊임없이 열리고 있다. 왜? 그래도 기댈 수 있는 한 줌의 '희망'이 남아 있음을 믿으니까 말이다.

– 이옥선, 『댄스포럼』 2001년 11월호

〈함 3 - 비단부채〉(2003)

안무 의도

이 작품에서는 혼례식 전날에 느끼는 댕기 처녀의 복잡한 심리적 갈등을 시작으로 하여 혼례식을 거행하는 동안에 벌어지는 신부의 심리 변화, 혼례식 이후 신방에서 신랑과 하룻밤을 보낸 다음 날에 쪽진 머리로 새로운 삶을 시작하는 내면 상태까지를 다루고자 하였다.

특히 이 사흘 동안에 한국 여성들이라면 누구나 갖게 되는 상념을 전통적인 혼례식의 진행 과정에서 볼 수 있는 여성들의 의복 변화와 관련시켜 우리춤의 멋과 흥을 함축한 현대적 춤사위로 형상화하여 보았다. 이 과정에서 집안의 기둥이라고 할 수 있는 남성은 대나무 부챗살로 상징화하고 그에 대응되는 여성은 화려함과 고귀함의 표상인 붉은 비단으로 상징화하여, 결혼을 통해 이루어지는 음양의 조화를 부챗살에 비단이 덧대어지는 비유적 표현을 통해 묘사하려고 하였다.

작품 줄거리

1. 함 사세요!

사람들의 축복 속에서, 화려한 모습을 한 채 아버지의 손을 놓고 다른 남자의 손을 잡은 여자. 저기 또 다른 여자인 어머니의 손이 그립다. 두 사람이 하나가 되었다는 선언은 정녕 여자에게 봉인을 의미하는 것인가? 여자는 천천히 해체되고…. 동굴 속의 어지러운 거미줄 사이로 한 여자가 나올 줄도 모르고 희미하게 웃고만 있다.

2. 남자, 여자, 그리고…

늘 하던 습관처럼 그 누구와 약속이나 한 듯 서두르지만 허공을 잡고 있는 기다림, 서성거리다 지친 체념, 문밖으로 나서려 할 때마다 옷자락을 붙잡는 아쉬움, 메마른 가슴 소리 죽여 울며 결심해 보아도…. 뒤돌아보면 아스라이 눈가에 보고픔 새기고 있네.

3. 비단 부채

대나무 부챗살에 비단이 입혀져 비단 부채가 되는 것은, 검은 흙 속을 아주 무던히 걸어온 시간들이 단단하게 뭉쳐 있다가 풀리면서 꽃이 피거나 열매 맺는 일과 같은 것을….

4. 이제 너는 너 자신이 아니다

그래! 이제는 운명으로 받아들여야 한다고, 그저 받아들여야만 하는 체념이 필요하다고 스스로 다짐하면서도…. 부챗살에서 떨어지지 않으려는 끈질긴, 그러면서도 신성한 이름의 비단 여자! 시도 때도 없는 인내와 고통, 기쁨과 슬픔의 연속이 있을 뿐이지만, 그것은 우리들이 인생이라고 부르는 고귀한 무엇!

여성을 주제로 한 그동안 연작(聯作) 속에서
아름다운 사람, 美人에 대한 이야기다.

〈상생 - 누구라도 그러하듯이〉(2008)

안무 의도

여성을 주제로 한 그동안 연작(聯作) 속에서 아름다운 사람, 美人에 대한 이야기다. 남성이든 여성이든 오늘을 살아가는 현대인의 삶에서 느끼는 대립과 분열, 정신적 공허함을 미인(美人)이라는 테마를 통해 그 치유의 한 방법을 모색하고 있으며, 남성과 여성을 서로 분리의 관계가 아닌 구분과 어울림, 상생의 관계로 풀어 보고자 한다.

작품 줄거리

1장 기억의 저편에

누구라도 – 여자이기를 싫어하는 굴레 속의 아름다운 여자가 남자의 끝이 없는 집에서 긴 머리를 들어 올리고 집 안을 기고 또 긴다.

그러하듯이 – '여자', '여자', '여자'를 부르짖는 '여자'라는 이름의 여자가 여자의 끝이 없는 집을 꿈꾼다.

2장 우리는

2008, 누구라도 – 여자, 남자 똑같은 꿈, 팽팽한 줄 끝! 서로서로 끝이 없는 집으로 질주한다. 삶의 한판 승부! 잘하면 살 판, 못하면 죽을 판.

2008, 그러하듯이 – 겨울, 봄, 여름, 가을! 인생은 돌고 도는 것! 여자, 남자, 우리, 모두 미인(美人)을 꿈꾼다.

김운미 무용단의 15년 - 우리춤의 자유스러움과 역사적 감각

한양대 한국무용 전공생들과 졸업생으로 이루어진 김운미 쿰무용단은 올해 '묵간 시리즈 10주년 기념공연'을 치름과 함께 이 무용단 15년을 결산하는 〈2008 상생(相生) - 누구라도 그러하듯이〉라는 공연(11월 13일 예악당)을 했다. '묵간 시리즈'는 이 무용단을 중심으로 활동하고 성장하고 있는 젊은 안무자들의 배출 기회로 이용되었고, 쿰의 정기공연은 주로 종합성을 띤 공연물의 형태로 우리 역사와 여성의 삶에 포커스를 맞춰, 강한 극적 구성의 춤을 지향하기보다는 옴니버스성을 띤 일종의 서사적 터치로 매번의 주제적 아이디어를 펼쳐 나갔다. 첫 작품 〈누구라도 그러하듯이〉(1993)에서부터, 〈흰옷〉(1995), 〈푸리〉(1991), 〈함〉(2001~2003), 〈그 한여름〉(2004), 〈축제〉(2005), 〈푸리 2〉(2006)와 같은 작품들이 그것들이다.

나는 이 무용단의 가장 소중한 성취력을 어떤 구체적인 작품의 완성도에서 찾기보다는 두 가지 춤 활동의 측면에서 발견한다. 그 하나는 우리 창작춤 움직임에 있어서 어떤 '유연성 확보'다. 우리 창작춤이 어떤 완고한 틀 만들기와 현대무용과의 보이지 않는 경쟁관계 속에서 강한 표현성을 획득하면서 창작춤은 그간 고집스럽게 응축·응고되어 간 측면이 있는데, 이 점에서 이 춤 집단은 비교적 자유스러워했던 것이 그 부분이라고 본다. 그 같은 작업을 대표하는 것이 이들의 근래의 〈푸리 1·2〉 작업인데, 여기서 제의적 개념의 '살(煞)을 뺀' 어떤 자유스런 헐거움과 동시에 그간 거기에 더해진 움직임의 속도감과 삽상한 감각성은 매우 신선했다. 그러나 자세히 보면 '살(煞)의 제의성'을 이 춤 집단은 그들도 알게 모르게 춤의 속도감·감각성·즉흥성과 함께 교묘히 섞고 있는데, 이 점에서 이 춤 집단은 한국 창작춤의 전통을 나름대로 속 깊게 내재시켜 가고도 있다 하겠다.

그런 분위기 속에서 그들의 정기공연이나 묵간 시리즈와 같은 기획공연을 통해 지제욱, 김신아, 최자인, 안지형, 이영림, 서연수와 같은 젊은 안무자들이 최근 배출되었다. 이들 모두 강한 표현성과 함께 자유롭고 유연한 춤 상상력을 발휘하고 있어서, 현재 우리 창작춤계에 매우 유용한 활력소가 되고 있다. 즉 지제욱의 내면성과 감각성, 김신아의 독백적 집중, 안지형의 힘, 이영림의 미스터리한 표현력, 서연수의 여성적 감성은 모두 그 나름대로 예술적 끼와 혼을 보여 주고 있다. 이 모든 성취는 이번 기념공연의 첫머리에서 이 춤 집단의 정신적 리더 김운미의 〈살풀이〉가 보여 준 대로, 꾸미지 않은 춤의 법도(法道)와 평소 예술가라기보다는 교육자임을 자임하는 그 태도에서 나오는 것이 아닐지. 비슷한 시기에 만들어진 이화여대 한국무용전공생들의 창작춤집단 무트(Mut) 가 동인춤 집단의 어떤 한계를 뛰어넘는 그들만의 완고한 창작춤 스타일의 고집과 함께 강한 매력의 집단적인 춤의 영역을 구축하고 있다면, 쿰은 동인춤 집단의 경계(어떤 한계)를 보여 주면서, 미래를 향한 미정(未定)의 예술의 싹을 하나씩 자유롭게 키우고 있는 듯 보인다.

예술적으로 백 퍼센트 무장한 춤과 칠십 퍼센트의 무장과 삼십 퍼센트의 자유로움의 호흡 중 어떤 춤이 우리의 건강한 미래일까. 물론 그 같은 비교의 측도는 매번 춤을 보는 기준에 따라 다르겠지만 말이다.

– 김태원, 『공연과리뷰』 2008년 겨울

역사 속 여성들의 삶에 대한 깊이 있는 탐구

역사 속의 여성 탐구를 지속한 김운미는 〈함 1〉에 이은 연작 〈함 2〉, 〈함 3〉을 올렸다. 〈함〉은 기획 공연으로 시간상 제약을 받아 27분 정도로 구성했기 때문에 '함'이라는 이미지가 가지는 형태적인 측면만을 보여 준 반면에, 이후의 〈함 2·3〉은 결혼을 전후한 여성들의 삶의 변화와 그에 따른 심리적 갈등, 그리고 시대의 변천에 따른 여성들의 삶의 방식을 좀 더 깊이 있게 표현하였다. 보다 심리적인 측면에 더 비중을 두고 작업했다고 말할 수 있다.

김운미는 함(函)을 하나의 상자라는 개념에서 출발해 그 상자를 여성의 눈으로 바라보면서 생명의 잉태를 위한 자궁으로, 또 다른 삶을 엮어 가기 위한 결혼이라는 상자로, 나아가 죽은 후 들어가는 관이라는 상자에 이르는 의미를 동시에 함축하고 있다고 생각했다.

여성들은 젊었을 때는 가족을 위한다는 기쁨만으로 살다가 중년에 들어서면 갑자기 허무해지고 무엇인가 표현하고 싶은데 대상이 없어 외로움을 느끼게 되는 순간이 있다. 남편도 자식도 자신의 허무함을 채워 주지는 못함을 깨달음과 동시에 자아에 대한 진지한 관심을 자신을 위한 삶을 모색하게 되는 계기가 된다.

작품 〈함(函)〉은 여성들이 결혼이라는 의미를 다시 한 번 돌아보고 남성들처럼 여성들도 가정이라는 상자 안에서 자신의 삶을 좀 더 풍성하게 채색할 수 있지 않을까 하는 생각에서 만든 작품이었다. 가정의 이탈보다는 결혼이라는 틀 속에서 남성과 여성이 서로 공존할 수 있는 방향을 제시하고자 노력했다. 관객으로부터 〈함(函)〉을 대개 '지루하지 않고 재미있었다.', '왠지 모르겠지만 정말 통쾌하고 재미있다.'는 평을 받았다.

예술은 관객을 떠나서는 존재 가치를 따질 수 없고 이러한 측면에서 무용작품도 예술성과 함께 시대적 변화에 민감한 대중들의 기호, 즉 대중성을 동시에 고려해야만 한다. 김운미는 1993년 첫 작품 〈누구라도 그러하듯이〉부터 〈조선의 눈보라〉, 〈1919〉에 이르기까지 역사 속의 여성이든 현대 여성이든, 여성의 홀로서기를 주제로 한 작품들을 발표해 오고 있다. 인간의 의지를 가지고 나아가는, 보기에 따라서는 여성들이 바라는 현대의 여성상이다.

또한 그녀의 작품은 국악, 클래식, 팝송, 가요, 구음 등 다양하다. 주로 〈누구라도 그러하듯이〉 때부터 계속 함께 작업해 왔던 강은구 선생과 많은 작업을 하며 관객과 더 깊게 호흡할 수 있는 곡으로 구성하였다. 그녀는 무용작품에서 음악이 차지하는 비중은 매우 큰데, 관객들의 음악적 호기심을 자극하여 주의를 집중시킬 수 있다면 무용을 통해 표현하고자 하는 것이 좀 더 빨리 관객들에게 전달될 수 있다고 생각한다. 더불어 몸언어가 가지는 다양한 표현 방법이 문자화되어 있는 것이 아니기 때문에 갖는 일반 관객의 어려움을 조금이라도 덜어 주고자 노력한다고 말한다.

연출에 있어서는 예를 들어 〈함(函)〉의 물동이를 들고 춤추는 장면은 여자들이 속심을 풀어내는 곳인 빨래터를 중심으로 여자들의 애환을 춤으로 표현하려 했고, 언덕을 올라가는 장면은 여자가 가야만 하는 힘든 인생의 '길'을 나타내고자 했다. 이 장면을 통해 '과연 여자들이 가야 할 길이란 무엇인가'에 대해 다시 생각하게 하려는 의도를 담았다. 그리고 커다란 얹은머리는 댕기머리 처녀가 결혼을 하면서 삶의 무게가 더해지듯이 무엇인가가 자꾸 얹어지고 커져만 가는 머리를 표현하고, 이는 너무나 견고하고 무거워서 벗어날 수 없는 굴레가 될 수도 있다는 측면을 표현한다.

김운미의 〈함(函)〉은 무대를 가로로 세 부분으로 나누어 누워서, 혹은 무릎으로, 서서 무대를 가로지르는 장면이 인상적이다. 이는 여자들의 계속되는 반복적인 지루한 삶을 나타낸 것으로, 즉 가정에서 여자들이 끊임없이 하는 청소와 빨래 같은 가사 노동의 끝없는 반복 말이다. 이 장면에서 무용수들이 가지고 나온 것이 함인데, 이 함을 못 버리고 움켜쥐기도 하고 닦기도 하고 매기도 하지만, 결국은 떨쳐 버리고 싶은데 떨쳐 버릴 수 없는 것을 상징한 것이다. 자신의 의지와는 상관없이 이미 박힌 틀에서 벗어나지 못하고 무의식적으로 꾸려가는 일상생활을 연출하기 위해 의도적으로 장면을 길게 구성한다.

또한 동작적인 측면에서 얘기를 하자면 팔을 옆으로 들어 돌린다든지, 팔을 위로 든다든지, 허리를 90도 구부린다든지, 엉덩이를 뺀다든지 하는 코믹한 동작들을 많이 볼 수 있다. 이는 여성다움이 돋보이는 가슴과 허리, 엉덩이를 중심으로 이루어져 있고 좀 더 강조하기 위해 일정 동작을 이러한 신체 부위를 중심으로 변형하여 안무로 표현한 것이다.

김운미의 〈누구라도 그러하듯이〉나 〈조선의 눈보라〉, 〈온달〉, 〈1919〉, 〈함〉 등에는 모두 기본적으로 극적인 요소가 포함되어 있다. 그녀는 무용의 동작 요소들을 차용한 연극 작품들이 많은 만큼 종합예술인 무용에서도 상황에 대한 빠른 전달을 위해 연극적인 요소들을 차용하는 것이 자연스럽다고 생각한다.

김운미가 안무의 움직임에 있어 무용수들에게 요구하는 것이 있다면, 김운미의 목소리가 아니라 무용수들 각자의 목소리를 원한다는 것이다. 무대 자체가 무용수들에게 있어서는 삶의 현장이고, 그 현장에서 무용수들이 마치 꼭두각시처럼 움직이는 것보다 자기의 신체적인 특성 요소를 얼마나 잘 활용하느냐에 있다. 따라서 그녀는 무용수에 따라 더 강하게 어필될 수도 있고 반면에 축소되어 볼 수도 있다고 생각한다. 그 결과에 대한 책임은 무용수 본인이 지는 것이라고 말한다.

김운미는 이미라 무용가의 딸로서 본인 의지와는 상관없이 아주 어렸을 때부터 춤을 시작했다. 그 결과 우리춤의 특징인 정중동인 만큼 고요함 속에서도 인간의 숨이 춤으로 이어져 그 춤의 움직임을 볼 수 있어야겠지만, 현대 한국창작춤에서는 이러한 멋과 더불어 격렬한 움직임 가운데서도 자기를 잃지 않는 정신적인 여유를 동시에 갖추어야 한다고 생각한다. 더불어 개인적으로는 가능한 한 모든 춤들을 섭렵하고 학문적으로도 더 깊게 연구했으면 하는 바람을 늘 갖고 있다.

무용의 대중화라는 측면에 대하여 그녀는 움직임을 통해서 안무자의 의도를 전달할 수 있으려면 관객들에게 보다 가까이 다가가야 한다고 생각한다. 무용수들이 단련되고 감정이 풍부한 몸짓으로 작품이 요구하는 메시지를 효과적으로 표현할 때, 관객들은 비록 나는 몸으로 말할 수 없지만 자신이 말하고 싶었던 부분들을 무용수들은 저렇게 표현하고 있고 그것이 느낌으로 전달되어야 한다고 여긴다. 즉, 공감하게 되는 것이다. 또한 무용실기와 이론의 상호보완 작용을 이야기하고 그 안에서 작품을 만들 때, 시대적 변화에 대한 관심과 아울러 예술성·대중성을 함께 고려하고 있다고 여길 때 그 가치가 발휘된다고 믿는다. 이에 그녀는 교육자로서의 위치에도 자신의 중심을 두고 있다.

– 이옥선, 『댄스포럼』 2001년 11월호

3
상생

範疇

〈푸리〉 · (1999)

〈푸리 2〉 · (2007)

〈신화상생〉 · (2010)

〈신화상생 2〉 · (2012)

〈신화상생 3〉 · (2013)

〈푸리〉(1999)

안무 의도

우리의 전통춤(승무, 탈춤, 지전춤 등)을 다소 변용하여 민족의 아픔을 풀어내고자 '백의', '흙', '새불' 이렇게 3개의 장으로 구성하여 창작한 춤으로 올해 6월 22일 '2000 FEET' A Celebration of World Dance(U Art Dance Theater, Philadelphia)에서 초연되었다.

작품 줄거리

1장 백의

민족의 아픔을 그러모아, 순결한 영혼을 내세워 민족 대대로의 삶의 몸짓을 승화하여 흰 비둘기 창공을 날 듯 재도약의 땅을 다진다.

2장 흙

가슴 한편에 묻힌 아픔, 그 아픔을 어루만져 주는 흙 내음과 싸늘한 빗줄기. 자연의 숨소리, 그만 큼의 희망으로 대지를 다진다. 자연을 갈망하는 우리들의 초조함 그리고 기다림.

3장 새 불

그 무엇에도 굴하지 않는 우리의 민족성. 어두웠던 역사, 정신, 한 맺힌 민족의 아우성, 소리 낼 수 없었던 가슴속의 외침을 이제는 새 불로 타오르리라. 갈가리 찢어진 종이 사이로 비쳐지는 우 리들의 숨을, 보이는 가슴을 이제는 마음껏 소리쳐 보자.

〈푸리 2〉(2007)

안무 의도

땅과 하늘의 인연, 끝에서 끝으로 닿을 수 없는 갈망과 갈구의 상징, 우주 속에서 담아진 작은 그릇 속의 아름다운 조화는 하나로 이루어진다. 역동적인 동작들을 기본으로 1) 비나리, 2) 잘하면, 3) 못하면 죽을 판, 4) 판판판, 5) 푸리라는 다양한 '판'을 형상화하고 분출하는 작품으로 깊이를 조성한 작품이다.

〈푸리 2〉 자유창작춤의 유형: 김운미 쿰의 즉흥산무

제21회 한국무용제전(8월 23일~24일 국악원 예악당) 때 올려진 창작무들 중 김운미 쿰무용단은 이른바 내가 자유창작춤으로 칭한 것 안에 범주화시키고 싶은 충동을 느끼는 작품이었다. 쿰의 〈푸리 2〉

는 이른바 제의적 소재성을 띠고 있듯이 보였어도 그것의 안무적 처리는 제의적 소재의 춤이 곧잘 갖는 어떤 끈적함이나 칙칙함의 분위기를 전혀 갖고 있지 않았다. 역동적 스피드의 측면에서, 즉 흥성이 깃든 춤의 진행의 측면에서 이 춤은 눈여겨볼 만했다.

〈푸리 2〉는 강은구의 음악 속에서 무대 공간 양 날개를 크게 누비는 무용수들의 움직임이 돋보이며, 그 움직임의 사이사이에 나름대로 춤의 포즈를 의미 있게 기술적으로 삽입시키고 있었다. 이 부분에서 역동적인 빠른 스피드로 미끄러지듯 뛰어가며 움직이는 춤들이 흥취 나는 별 걸림이 없는 '살판'의 춤이라면, 그 진행이 무너지듯 응결되어 버리면서 무거운 포즈로 주저앉아 버리는 춤은 '죽을 판'의 춤이라 할 수 있다. 말하자면 춤은 그 같은 살판적인 충동성과 죽을 판적인 정적 사이를 빠르게 교차하며 오고 갔는데 김신아, 최자인, 안지형, 이영림, 서연수 등 쿰의 춤꾼들은 무대 공간에 어떤 구심점을 설정하지 않고서도 빠른 모여짐, 흩어짐이 있는 산무(散舞)로 춤의 흐름을 끌고 갔다.

충동적 에너지로 무대 좌우를 왕복한 무대 공간을 자유자재로 누볐던 이

춤은 그러나 표현성 강한 김신아의 지체에 어떤 숨죽인 호곡의 기호를 실려 보내고 싶어 했다(그녀는 푸른색 치마에, 흰 지전 두루마리를 들고 들어왔다). 마치 빠른 자동차의 질주 같은 현대문명의 스피드와 그것을 거슬러 올라가며 자신의 존재의 흔적을 되돌아보려는 그 응고된 듯한 포즈의 교묘한 대립감 속에서 어떤 풀리지 않고 해석되지 않은 삶의 응어리를 엿보게 됨은 웬일일까. 그런 의미에서 쿰의 춤꾼들의 신체에는 그 같은 삶의 응어리가 각인된, 그 교차의 사인들이 모두 숨어 있었다.

– 김태원, 『공연과리뷰』 2007년 가을호

다양한 '판'의 형상화

김운미의 〈푸리 2〉에서, 한 여성 무용수는 크고 기다란 천의 끄트머리에 백색의 술을 한 아름 안고 있다. 그리고 서서히 천을 (술과 함께) 품에 안고 감아 간다. 그녀는 천과 일체감을 가진 형태를 띠어 간다. 제법 무게감을 지닌 크고 기다란 천을 끌어 감는 데에도 그녀의 호흡의 밀도는 흐트러짐이 없다.

좀 더 타진하는 음악 속에서 무용수들은 무대를 가로지르며 일련의 움직임들을 활발하게 펼쳐 간다. 계속해서 무대를 옆쪽으로 가로지르며 도약하고, 신전하고, 구르고, 발진하는 데 있어서 다소 거친 듯한 움직임의 발산은 구성상의 역동적 속도감을 도드라지게 한다. 옆으로의 진행을 주기적으로 유지하면서 도형적·비도형적 배열을 이루기도 한다. 옆으로 반복되던 진행 과정은 차츰 사선으로 변화되고 또한 커다란 정사각형으로 변형되어 간다.

그리고 옆-사선-사각형 등으로 전개되어 갔던 구성이 다시 원형(原形)으로 되돌아가는 과정, 즉 사각형으로부터 사선과 옆으로의 방향성으로 회귀하는 과정은 의도된 짜임새를 재차 확인시킨다.

이 모든 것은 안무가가 의도한 다양한 '판'의 형상화일 것이다. 이윽고, 다시 등장한 여성 무용수는 술을 휘돌리며 움직이고 또 몰아적인 표현을 분출하는 데 있어서 예술적 깊이감을 조성한 채 작품을 완결 짓는다.

– 심정민, 『댄스포럼』 2007년 9월호

한국춤, 60년 춤의 궤적

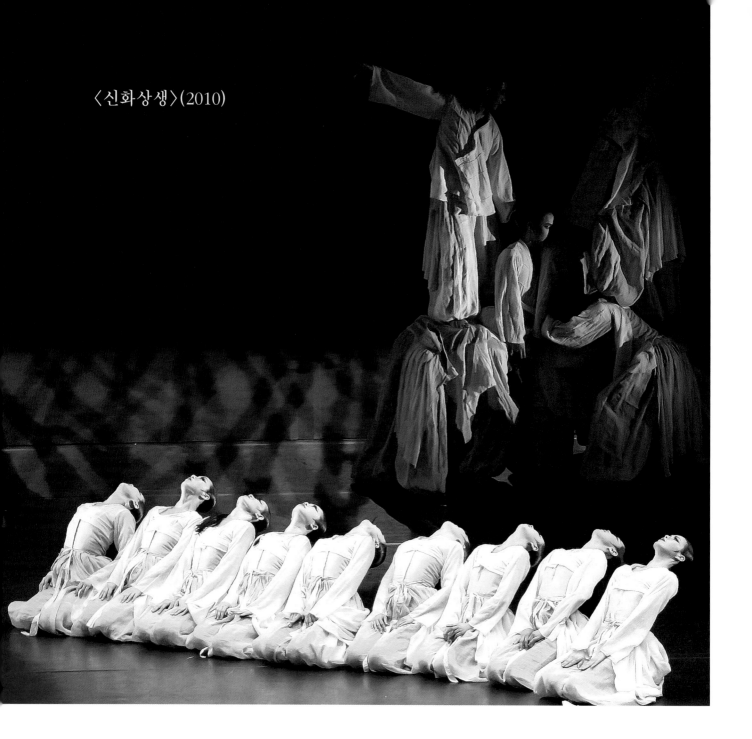

〈신화상생〉(2010)

한국춤, 60년 춤의 궤적

안무 의도

인간과 인간의 투쟁, 자연과 인간의 갈등에서 비롯된 지구상의 각종 이변에서, 무(無)에서 유(有)를 창조하는 신화적 세계를 생각해 본다.

우주 속의 작은 우주인 인간이 밀고 당기면서 만들어 가는 삶의 역사. 음양오행(陰陽五行)의 자연법칙, 상생(相生), 상극(相剋)의 세계. 자(子), 축(丑), 인(寅), 묘(卯), 진(振), 사(巳), 오(午), 미(未), 신(申), 유(酉), 술(戌), 해(該), 자(子), 축(丑), 인(寅)…. '신화상생'이라는 민화에 점점 쌓이는 장단과 춤으로 숨을 불어넣으면서 갈등이 아닌 상생의 어우름을 기원해 보고자 한다.

작품 줄거리

어둠 속 작은 빛, 음(陰)과 양(陽), 밀고 당기고 어우름! 우주 속에 작은 우주인 인간의 본분을 그려 낸 작품으로 신화상생(神話相生)을 내용으로 구성함으로써 십이지신을 바탕으로 동물과 인간과 우주, 자연의 상생의 원리를 담은 작품이다.

한국무용연구회 중심의 한국창작춤의 결집

지난 2~3년 사이로 중견춤꾼들의 작업이 꾸준히 이어지며 어떤 탈출구를 찾고 있는 듯싶다. 어느 때보다 그들의 활동을 분주히 하고 있다. 첫 프로그램에서 김운미 안무의 〈신화상생(新話相生)〉은

이 무용단 특유의 분주한 자유로운 춤의 흐름을 보여 주면서, 오늘의 역사성과 '풀이적' 제의성이 한데 뒤섞여 전통과 현대의 공생(共生)을 모색하고 있었다.

- 김태원, 『공연과리뷰』 2010년 여름호

갈등이 아닌 상상의 어우름으로 - 김운미무용단의 〈신화상생〉

제42회째를 맞이한 한국무용제전은 5월 22~23일 국립국악원 예악당에서 '춤 신화전 - 어제와 오늘 그리고 내일의 창(愴)'이란 주제로 한국창작춤의 현재를 이루는 무용가들의 작품을 선보였다. 첫날을 장식한 김운미 무용단은 〈신화상생(新話相生)〉을 통해 신화적 세계 속에서 우주, 자연, 인간 사이의 첨예한 갈등보다는 상생의 어우름을 그려 낸다.

열여섯 명이나 되는 뮤지션들이 무대를 타원으로 둘러앉아서 북과 장구를 친다. 그들이 일사불란하게 만들어 내는 둔탁한 타악 리듬은 화음과 불협화음을 넘나드는 피아노 연주와 어우러져 한 편의 퓨전 음악을 탄생시키고 있다. 그들 뒤로 연습복을 연상시키는 검은 바지와 티셔츠를 입은 무리들이 걷고 뛴다. 또 큰 몸짓으로 도약하면서 공간을 장악한다. 마치 번개 치듯 번쩍거리는 조명은 서로 다른 성질의 충돌로 야기되는 전기적 방전의 효과를 나타낸다. 첫 장면의 춤과 음악과 조명은 모두 다른 모양새이긴 하지만 근본적으로 충돌이라는 소재를 껴안고 있다.

이후 등장하는 무용수들은 흰색의 간소화된 한복, 즉 개량한복을 입고 있다. 그 무리에서 빠져나온 한 여자는 남자와 조우하여 음양의 조화를 연상시키는 듀엣을 춘다. 잦아들었던 분위기를 또 한 번 반전시키는 것은 칼을 든 무리다. 그들은 칼을 크고 강하게 휘두르면서 위로 솟구치는 날카로운 도약을 감행한다. 이후 가늘고 긴 천을 휘두르는 여인네들이 보이나 했더니 방울, 꽃, 막대기를 든 이들이 차례로 등장한다. 그리고는 부채, 향발, 촛불을 활용하는 춤도 꼬리에 꼬리를 물고 이어진다. 일사불란하게 등퇴장하는 열여덟 명의 군무진은 소품에 따라 미묘하게 다른 춤을 선보이는데, 빠르고 다양한 전환 속에서도 위로 솟구친 후 낮게 딛거나 통제된 호흡으로 강하게 휘두르는 모양새가 각인된다.

어느새 무대는 역동성이 사라져 버린 채 차분하게 가라앉아 있다. 나무가 빽빽이 들러선 숲의 음영을 연상시키는 조명이 무대 바닥을 장식한다. 검은 옷차림의 무리가 다시 등장한 가운데 저 뒤쪽에서 모든 갈등을 끌어안은 대모와 같은 여인이 촛불을 들고 다가온다. 그녀는 두 손을 모아 정갈하게 사방으로 절을 한다. 그리고 그녀를 차분하게 둘러싸는 검은 옷 무리의 형상이 펼쳐진다.

우주, 자연, 인간 사이의 갈등은 춤의 전개나 출연자 수 혹은 작품의 규모 등을 고려할 때 1시간 이상의 대작을 30분 이내로 축약해 놓은 듯한 인상을 준다. 춤 하나하나의 맛을 음미하기에는 다소 급격한 감이 있었으나 동시에 빠른 장면 전환은 지루할 틈을 주지 않았다.

– 심정민, 『댄스포럼』 2010년

신화상생 2〉(2012)

한국춤, 60년 춤의 궤적

안무 의도

신화, 존재를 품은 無, 생명의 윤회로 깨어나는 사계! 십이인연의 하나로 업을 짓는 자리마다 피어나는 이야기.

신풀이와 신명풀이. 영원을 품은 有, 상생 그 무한한 어우름 속으로! 해, 자, 축, 인, 묘, 진, 사, 오, 미, 신, 유, 술, 해…. 무한대의 흐름과 조화의 향연.

두 번째 신화는 그렇게 또 하나의 영원함으로 기억된다. 열매는 떨어져 땅으로…. 비로소 하나가 된다.

작품 줄거리

1장 겨울

생사윤회, 죽는다는 것은 곧 사는 것이요 태어남은 곧 죽는 것이니…. 생명이 있는 것은 죽어도 다시 태어나 생이 반복된다고 하는 돌고 도는 것에 이른다. 사랑을 이루지 못하고 죽어 있는 남과 여, 이들의 영혼을 달래며 천 · 지와 합일시키고자 하는 제사장. 어둠의 칼날! 죽음의 축제! 하늘과 땅과 사람을 춤춘다. 육신은 녹아내려 흙으로, 물로….

2장 봄

황량한 침묵, 그 끝자락. 대지의 거룩한 숨이 생으로 하나둘 깨어난다. 만물이 깨어난 태동의 아라리요! 온 천지에 초록의 향연이 양기 가득 물결친다. 흙에서 물을 먹고 자란 나무들, 꽃들, 어린 생명들…. 신화상생(神話相生) 두 번째 이야기.

3장 여름

신성한 기운이 불어온다. 무성한 숲, 울창한 숲, 만발한 꽃들, 그리고 이를 찾아온 새들과 곤충들…. 자신의 완성을 위해 자라고 싸워 나간다. 싸움을 통해 세상의 지배자가 된다. 스스로 완성된 양과 음의 기운이 만나다!

4장 가을

지상에서 우리가 사랑하는 동안 물들었던 아픔도 황금빛 물결 곁에 유유히 흩어진다. 온누리에 스미어 부는 따스한 바람처럼 우리의 소리 없는 기다림은 음양의 만남으로 빛나는 수확을 소원한다.

상생(相生)의 기원과 여성적 존재성의 모습들

김은미 안무의 〈신화상생(神話相生) 2〉(10월 28일 강동아트센터)는 어둠 속에서 향을 사르는 내음과 함께 김은미(한양대 한국무용)가 무대 앞을 거뭇한 형체로 수평으로 천천히 움직이며 바닥에 무릎 꿇어 절을 올리는 몸짓으로부터 시작하였다. 불교에서 말하는 이른바 108배 참회 의식이라 해도 좋고, 우리의 민속에서 물 한 그릇 올려놓고 치성드리는 몸짓이라 해도 좋다. 그렇게 그녀는 공연 시간 내내 무대를 사각으로 천천히 움직이면서 공연이 끝날 때까지 절을 했다.

그렇다면 그녀는 무엇을 기원하는 것인가? 이 땅의 삶의 어려움과 자신 주변의 무사안녕을 기원하는 것일까. 아니면 제자 사랑을 위한 스승의 보이지 않는 은덕 베풂의 몸짓인가. 여하튼 그 숨은 뜻을 알 수 없다. 그러나 그 '알 수 없는 것'에 대한 의식이 우리에게 다시금 '신화'에 대한 것을 생각게 한다. 그리고 지금 그것을 생각하고 또 자각하고 있는 우리 주체들(인간들)은 이젠 동물적 생존의 아비규환을 벗어난, 인간적 상생의 도(道)를 깨달아야 하리라.

공연 내내 그렇게 힘들여 절을 하고 있는 김운미의 거뭇한 존재의 궤적은 그것 자체가 생존의 아비규환, 그 '바깥에 있는 힘'이라 할 수 있다. 아니, 그것 자체가 신화의 현현이라 하겠다. 김환의 조명과 황정남의 영상 디자인은 그 몸짓을 때론 석상(石像)처럼 확대시켜 무대 공간을 그 어떤 알 수 없는 존재성에 지배당하게끔 했다. 반면 그 안에서, 겨울·봄·여름·가을로 변화해 가는 사계(四季)의 흐름 속에서 마치 신명 오른 무녀(巫女)처럼 당당한 발걸음으로 생명의 끈을 끌고 들어오는 임응희와 쿰의 현재의 젊은 주역들인 이영림, 서연수, 김소영, 김윤진, 강요찬, 이륙, 박시원 등이 만드는 갖가지 삶의 만화경(萬華鏡) 같은 몸짓들은 예측할 수 없는 생명의 기(氣)의 변화의 모습을 보여 주었다. 그것은 갈망이기도, 애욕이기도 쓸쓸함의 모습이기도 했으며, 또 한꺼번에 흰 물결 같이 무대를 움직이며 생명의 유연한 흐름을 보여 주는 삶의 물결이기도 했다.

이영림의 부드럽고 끈기 있는 몸 움직임이 시종 무대의 중심과 흐름을 유도하는 가운데 여기에 서연수의 활달한 움직임, 김소영·김윤진, 박시원의 탄력 있는 움직임들이 작은 물굽이를 만들게 된다. 그런 가운데, 강요찬·이륙·윤영식과 같은 남성 무용수들이 그 얕은 물살 속에 숨은 바위이거나 물 위로 솟은 돌처럼 과묵한 남성적 존재성을 더했다. 그 밖에 이경주, 임해진, 박진영, 김나리, 박성호, 조의연 등이 더 합세한 쿰의 군무진의 춤은 쿰 특유의 자유로운 흐름을 일궈 내는 한국적 몸짓에 적절한 힘의 악센트와 때로 즉흥성을 가미하여 쉼 없는 사계의 움직임과 만물의 상을 만들어 내었다. 그것은 들판의 야생화처럼 흩어져 있으면서 어느덧 모여 길을 트며, 바람에 흔들리듯하다가 된 완강한 바람벽에 멈추는, 즉 흐름과 멈춤, 또 다른 흐름의 모색으로 계속 이어졌다.

국악과 현대음악을 섞어 쓴 강은구의 음악 편집, 한진국의 감각적인 의상은 무리 없는 한 판의 춤

공연을 만들어 주었다. 한국창작춤에서 흔히 볼 수 있는 자연스런 인위적 표현성이나 장기자랑 식의 몸놀림이 억제된 가운데, 쿰 특유의 열린 공연성과 자연스런 몸 움직임이 마치 낮은 언덕 위에 핀 흰 메꽃들처럼 펼쳐지면서 무대를 지배했다.

공연 내내 이어진 김운미의 그 '절'은 작게는 이 공연의 무사한 끝마침을, 크게는 우리의 춤계와 이 땅에서 우리의 삶의 무사함을 위한 기원의 절이 아니었을까. 서울문화재단으로부터 받은 극히 적은 지원금으로 이런 간절한 정서가 밴 공연의 판벌임이 성공적으로 이뤄질 수 있었던 것, 그것은 작은 기적이기도 했다. 그래서 우리 창작무용계에 부는 소슬한 청량의 바람이나 흰 소금과 같은 존재들인 쿰의 공연은 거의 매번 일견 작은 신화의 이어짐 같다.

– 김태원, 『공연과리뷰』 2012년 겨울호

김운미 쿰 공연 〈신화상생 2〉

향 내음과 108배가 촉각과 시각을 자극하며 근원적 물음에 답하고 상생과 상극의 화합을 의도한 공연이 김운미 교수의 안무로 10월 28일 강동아트센터 대극장 한강에서 〈신화상생 2〉라는 신작공연을 가졌다. 그녀는 작품 의도에서 자연의 법칙이 우리에게 주는 순환의 의미가 무엇인가 되돌아보고, 자연과 인간의 충돌과 격랑에서 삼라만물 본연의 모습을 재현하고자 했으며 인간과 자연이 균형 있게 어우러지는 모습을 그려 내고자 했음을 밝혔다.

프롤로그와 에필로그를 포함해 4장으로 구성된 공연에서 그 시작은 죽음과 어둠을 다룬 겨울(Black)로 시작되었다. 찰나의 암흑이 있은 후 첫 장면, 한국적 정서를 담은 음악이 흐르고 향을 피워 들고 나온 김운미는 무대 4면을 고루 다니며 108배를 시작했다. 사랑을 이루지 못하고 죽은 여인은 하수 쪽 검은 천으로 둘러싸여 죽음의 그림자가 느껴지는 남성을 향해 괴로움에 춤춘다. 그에게서 생성된 6명의 여성 무용수들은 아박을 사용하며 여인을 둘러싸고 이후 등장한 여제사장은 죽음의 사자와 여인의 연결고리를 이어 나가며 연기와 춤을 이어 갔는데, 여제사장의 과하게 두터운 의상과 다소 어색한 표현이 아쉬웠다. 검은 그림자가 벗겨진 남성과 여성의 만남이 이뤄지고 백드롭 영상에서도 남녀의 그림자가 그 결합을 암시하고 있었다.

이후 등장한 대규모 여성 군무진들은 다양한 구조의 변형을 보이며 무대 곳곳을 누비면서 움트는 봄의 기운을 표현했고, 만물이 태동하는 봄(Blue)은 서정성을 짙게 담은 이들은 열을 지어 움직이며 아름다운 기운을 그려 냈다.

특히 여성성이 강조되는 춤 이후에 꽃가마를 타고 봄이 지나가면 오렌지색 의상을 입은 남성들이 등장해 충만한 생명력을 바탕으로 싸움을 통해 지배자로, 스스로 완성되는 양과 음의 기운이 만나는 여름(Red)으로 접어들었다. 6명의 남성들이 아라비아풍 혹은 아랍풍의 음악에 맞춰 독특한 손가락 모양과 춤 어휘로 남성의 역동성을 폭발적으로 그려 냈다. 구성상 이러한 이국풍의 음악과 몸짓이 필요한지 의문이 들긴 했으나 이후 빠른 비트로 변화된 음악과 셀로판지 혹은 코일 느낌의 비닐막을 뒤로하며 그들의 강렬함은 배가된다. 여성 군무진들의 춤이 더해져 급박하게 춤이 진행될 때 그 생명력은 최고조에 도달했고, 남녀 무용수들의 민첩한 움직임에서 이들의 기량이 많이 향상되었음을 확인할 수 있었다.

4장 가을(White)에서는 가을 단풍 느낌의 의상을 입은 주인공 남녀가 음양의 만남으로 빛나는 수확을 소원하며 아름다운 음악과 더불어 발레의 파드되처럼 그림 같은 장면을 완성해 냈다. 꿈결 같은 음악과 섬세한 남녀 주인공의 춤태, 감각적인 조명이 연인들의 사랑을 성공적으로 그려 냈고, 샤막이 내려온 뒤 그곳에 쓰여 있는 글귀와 김운미 교수의 108배가 어우러지며 경건하면서도 한국적인 이미지를 형상화했다. 이어진 징 소리에 맞춰 흰 치마만 두른 남성들의 아크로바틱한 춤, 흰

의상을 입은 여성들이 손목에 술을 늘어뜨린 채 추는 춤 등이 맞물려 클라이맥스를 이루며 신풀이와 신명풀이 그리고 무한대의 흐름과 조화의 향연은 그 두 번째 신화를 이뤄 내며 하나가 되었다. 엔딩신에서 백드롭 영상에는 검은 먹이 번지듯 전체를 감싸다가 물결을 이루며 작품의 생생한 이미지로 전달했다.

한국창작무용의 새로운 춤 형식, 다큐댄스(documentary-dance: 기록춤)가 이들의 유일한 방식은 아니다. 하지만 김운미쿰무용단에 의해 인간 삶의 아름다움을 함께 나눌 수 있는 소통의 난장과 치유의 축제는 사계에 대한 분석을 우리에게 투영해 삶의 화합을 하나의 또 다른 신화로 탄생시켰으며, 스펙터클한 무대와 웅장한 음악, 상황성을 담은 우리 춤사위를 통해 새로운 도약을 위한 초석을 마련하였다.

– 장지원, 『춤과사람들』 2012년 11월호

한국춤, 60년 춤의 궤적

한국춤, 60년 춤의 궤적

작품 줄거리

신화, 존재를 품은 무(無), 생명의 윤회로 깨어나는 '사계'

1장 겨울(Black)

亥 子 丑 – 생사윤회, 죽는다는 것은 곧 사는 것이요 태어남은 곧 죽는 것이니.

2장 봄(Blue)

寅 卯 辰 – 황량한 침묵 그 끝자락, 대지의 거룩한 숨이 생으로 하나둘 깨어난다.

3장 여름(Red)

巳 午 未 - 신선한 기운이 불어온다. 스스로 완성된 양과 음의 기운이 만나다.

4장 가을(White)

申 酉 戌 - 온누리에 스미어 부는 따스한 바람처럼 우리의 소리 없는 기다림은 음양의 만남으로 빛나는 수확을 소원한다.

현재에 머무르지 않는 실험적인 무용단의 정신을 보여 준 무대

김운미 무용단 창단 20주년 기념 공연이 11월 9일 오후 4시와 8시 두 차례 호암아트홀에서 이루어졌다. 잘 알려져 있다시피 호암아트홀은 김운미무용단의 창단 공연을 하던 곳이며, 이제는 공연장 용도로 쓰이지 않기 때문에 대관하는 데 많은 어려움이 있었다. 그럼에도 이 극장을 고집한 이유는 초심을 위한, 초심을 잃지 않으려는 무용단의 상징적인 장소이기 때문이다.

첫 막은 김운미의 이매방류 〈승무〉로 올라 요즘 공연에서는 보기 힘들게 네 마루 전 바탕을 모두 선보였다. 녹음 반주 음악을 사용했지만, 장구 반주로 명인 장덕화가 특별 출연하여 음악 위에 박을 치고 법고의 맞춘 장단을 장고로 연주했다. 악사로보다는 김운미의 춤을 지켜보고 있는 든든한 한 명의 조력자로서의 상징성이 돋보였다.

2부는 김운미무용단 단원들이 꾸미는 창작 〈2013 신화상생(神話相生)〉으로 올랐다. 김운미무용단을 대표하는 무용수들이 주역을 맡고 한양대학교 재학 중인 단원들이 군무를 맡아 사계절에 담긴 철학을 보여 주는 작품이다.

이야기는 '겨울'로 춤이 시작한다. 오케스트라 피트가 오르면 향을 태우고 있는 한 여인이 보인다. 그리고 무대는 회색빛이며, 사선으로 길게 늘어뜨린 검은 천은 마치 바위와 같다. 무녀(안지형)가 방울과 부채를 들고 등장하면 그 천은 서서히 움직이며 그 속에 숨어 있던 무희들이 향발을 치며 무녀 주위를 에워싸면서 이동한다. 여기서 향발은 향발이라는 본디의 악기로서가 아니라 하나의 소품으로 보아야 한다. 산재되어 있는 부정한 액의 기운을 무녀가 쓸어 모으는 역할을 한다.

터(무대)가 정화되면 백색 바탕에 풀을 상징하는 녹색 기운의 실오라기를 붙인 듯한 의상의 여성 군무들이 등장해 발레와 같은 정교한 군무의 구성미를 통해 생명력을 나타낸다. 힘찬 타악기의 반주와 여성들의 서정적인 춤은 〈봄의 제전〉에서 느껴지는 공포감이나 폭력성보다는 얼음을 깨는 듯한 새싹의 은근한 강인함을 타악기와 하프의 선율을 번갈아 사용하며 나타내기도 한다.

여름은 이글거리는 태양의 기운인 남자로 표현했다. 무대의 조명은 붉은 톤을 유지시키며 영상으로 처리한 무대 배경 역시 태양의 불길로 처리했다.

마지막 장은 전 사계절의 수(數)와 맞는 무대의 사면 가장자리를 돌며 일보 일배로 백팔 배를 마친 여인이 무대를 퇴장하며 가을이 시작된다.

겨울로 시작하여 가을로 끝나는 설정은 이 공연을 올리는 지금 이 시점을 말하는 듯하며, 그간의 무사함에 대한 감사함과 앞으로의 안녕을 기원하는 듯하다. 김운미무용단 전원이 무대에 오름으로써 예술 공연 작품으로 평하기보다는 사계절을 다섯 번 갈아탄 김운미무용단의 현역과 미래를 가능하게 하는 장편 춤으로서의 의미로 해석할 수도 있다. 그러나 시각과 청각적 효과를 주는 여느 공연과 달리, 향을 통한 후각적 효과를 통해 춤 공연을 첨단영상보다 더 입체감 있게 표현하는 등 인상적인 공연을 선사함으로써 현재에 머무르지 않는 실험적인 무용단의 정신을 보여 준 무대로 평가하고 싶다.

– 이동우, 『춤』 2013년

Part 3

김운미, 삶을 말하다

1

김운미의 발자취

〈이미라 무용 발표회〉(1966)

〈10주년 기념 공연〉(1967)

〈누구라도 그러하듯이〉(1993)

〈흰옷〉(1995)

〈조선의 눈보라〉(1996)

〈온달 1997〉(1997)

〈우리 춤 뿌리 찾기〉(1999)

〈푸리〉(1999)

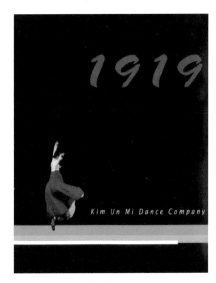

〈1919〉(1999)

〈김운미의 우리춤 이야기〉(1999)

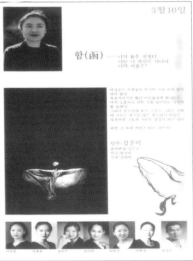

〈함〉(2000)

〈함 2〉(2001)

〈함 3 – 비단부채〉(2003)

〈그 한여름〉(2005)

〈축제〉(2005)

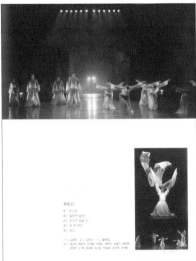

〈푸리 2〉(2007)

Contents

〈상생 – 누구라도 그러하듯이〉(2008)

〈신화상생〉(2010)

〈신화상생 2〉(2012)

〈축제 70〉(2015)

〈축제 70〉(2015)

해외: 쿰댄스컴퍼니

이탈리아 공연(상, 하)

미국 오레곤 공연(좌, 우)

이탈리아 공연

호주 공연

문화나눔 행복서울 재능나눔공연

저소득층 아이들 모듬북공연

2

김운미 연보

학력

- 한양대학교 무용학 학사
- 서울대학교 대학원 체육교육학 석사
- 한양대학교 무용학 박사

경력

- 현 한양대 예술학부 교수(1992~)

  김운미무용단 예술총감독(1993~)

  한국무용사학회 회장(2009~)
- 전 한국연구재단 문화융복합단 전문위원

  한국문화예술교육진흥원 평가위원

  서울특별시 문화재위원
- 중요무형문화재 제27호 '승무' 이수자(1995)

수상 내역

- PAF '춤 교육상'(2012, 공연과리뷰)
- 사단법인 밀물예술진흥원 '공헌상'(2011, 밀물예술진흥원)
- 건국 제62주년 국군의 날 행사 기여 표창장 (2010, 대한민국 육군)
- 대한민국연예예술대상 '안무가상'(2010, 한국연예예술인협회)
- FAF '주목할 춤 단체상'(2007, 공연과리뷰)
- '국제 무용 학술 논문상'(한국무용학회)
- 보훈문화상 (2001, 국가보훈처 · 문화일보사)
- 한양대학교 '우수연구업적증서'(1999, 한양대학교)

- 유네스코 한국위원회 공로패(1996, 유네스코)

주요 활동

KUM DANCE COMPANY 연혁

- 1989. 5. 충남대전 김운미의 춤 〈孝養坊〉

  5. 14. 대전시민회관

- 1993. 11. 무용단 정기공연 〈누구라도 그러하듯이〉

  11. 21. 호암아트홀

- 1995. 12. 무용단 정기공연 〈흰옷〉

  12. 10. 아르코 대극장

- 1996. 08. 서울특별시 문화예술진흥기금지원공연 무용단 정기공연 〈조선의 눈보라〉

  08. 20. 국립극장 달오름극장

- 1996. 10. 〈조선의 눈보라〉

  10. 11. 송파구민회관 대강당

- 1996. 12. 충남대전 유네스코협회 초청공연 〈조선의 눈보라〉

  12. 16. 대전우송회관

- 1997. 08. 서울특별시 문화예술진흥기금 지원공연 〈온달 1997〉

08. 28. 문예회관 대극장

· 1997. 09. 97 광주 비엔날레
DANCE FOR COSTUME 〈블랙홀에의 여행〉
09. 19. 광주문예회관 대극장

· 1997. 12. The meeting of dance and costume 2 〈블
랙홀에의 여행〉
광주문예회관 대극장

· 1998. 09. 서울특별시 문화예술진흥기금 지원공연
〈우리춤 뿌리 찾기 I 김운미의 춤〉
09. 10. 정동극장

· 1998. 10. 사랑의문화봉사단 주관 경축한마당 제2회
노인의 날 기념〈진도북 춤〉

10. 02. 부천 시민회관 대강당

· 1998. 11. KUM DANCE COMPANY기획공연 묵간1
〈98 춤으로 여는 세상〉
11. 18. 문예회관 소극장

· 1999. 06. 해외공연 세계무용축제 – 2000FEET 〈푸 · 리〉
06. 22. Philadelphia U art dance theater

· 1999. 07. 서울특별시 문화예술진흥기금지원공연 김
운미의 춤 〈1919〉
07. 12.~13. 예술의전당 자유소극장

· 1999. 10. 한양대 개교60주년 기념 무용대공연 〈청산
에 살거라〉
10. 06. 호암아트홀

- 1999. 10. 제19회 청소년을 위한 우리춤 문화마당
  〈김운미의 춤〉
  10. 09 평송청소년수련원 소강당

- 1999. 10. KUM DANCE COMPANY 기획공연 〈묵간 2〉
  10. 17. 문예회관 소극장

- 1999. 12. 국립국악원 화요상설 〈김운미의 우리춤 뿌
  리 찾기 Ⅲ〉
  12. 07. 국립국악원 우면당

- 2000. 03. 2000년 한국무용제전 초청작 〈함〉
  03. 10. 아르코 대극장

- 2000. 05. 한국과학기술원주최 초청공연 〈1919〉
  05. 12. 한국과학기술원 대강당

- 2000. 05. 한국문화예술진흥원 문예진흥기금 지원공
  연 〈1919〉
  05. 22. 울산문화예술회관

- 2000. 05. 포항제철소 주최 초청공연 〈1919〉
  05. 23. 포항 POSCO 효자아트홀
  05. 25. 광양 POSCO 백운아트홀

- 2000. 07. 세계춤 2000 서울 한국전통무용공연
  한국예술종합학교 무용원

- 2000. 11. KUM DANCE COMPANY 기획공연 〈묵간 3〉
  11. 22. 국립극장 달오름극장

- 2001. 03. 수원보훈지청 초청공연 제82주년 3.1절 기
  념행사 〈1919〉

03. 01. 경기도 문화예술회관 대공연장

· 2001. 09. 무용단 정기공연 〈함 Ⅱ〉
　　09. 18. 아르코 대극장

· 2001. 11. KUM DANCE COMPANY 기획공연 〈묵간 4〉
　　11. 26. 씨어터제로

· 2002. 05. 서울공연예술제 광화문 댄스페스티벌 〈신
　　명이 넘치는 춤판〉
　　05. 30. 세종문화회관 야외무대

· 2002. 12. KUM DANCE COMPANY 기획공연 〈묵간 5〉
　　12. 03. 씨어터제로

· 2003. 06. 김운미의 우리춤 이야기 〈명상과 신명 사이〉
　　06. 20. 울산문화예술회관 소강당

· 2003. 06. KUM DANCE COMPANY 기획공연 〈묵간
　　6 다섯 가지 빛깔 찾기〉
　　06. 29. 씨어터제로

· 2003. 07. 부산 문화예술진흥기금 지원공연 부산국제
　　여름 무용제 〈너의 이름은〉
　　07. 06.

· 2003. 07. 유네스코 대전 충남협회 〈백제의 혼〉
　　07. 25. 부여군 청소년개발원 대강당

· 2003. 10. 제6회 서울세계무용축제 〈비단부채 − 함 Ⅲ〉
　　10. 15. 호암아트홀

· 2004. 06. 댄스포럼주최 평론가가 뽑은 제7회 젊은
　　무용가 초청공연 〈돌의 잔영〉

· 2004. 08. 해외공연 제15회 한국의 밤 〈In
　　Search of Thousand Year Dance and Its
　　Fragrance(1000년의 춤 그 향기를 찾아서)〉
　　08. 07. ~08. 호주 Brisbain City Hall,
　　LOGAN Entertainment Center

· 2004. 08. KUM DANCE COMPANY 기획공연 묵간
　　7번째 〈수공예와 춤의 조우〉
　　08. 31. 국립극장 별오름극장

· 2004. 12. 신인안무가전 〈나무비린내〉

· 2005. 02. 한국문화예술지원회주최 문예진흥기금 예
　　술창작지원선정 김운미 무용단 정기공연 〈그
　　한여름〉
　　02. 20. 예술의전당 토월 극장

• 2005. 05. 댄스포럼주최 평론가가뽑은 제8회 젊은 무용가 초청공연 〈온고이지신〉
문예진흥원 예술극장 대극장

• 2005. 09. 한양우리춤연구소, 한국문화예술위원회주최 해외공연 문예진흥기금 계기성 기획사업지원 선정작 〈한국의 숨을 찾아서 春夏秋冬〉
미국 뉴저지주 Bergen Performing Arts Center

• 2005. 10. 문예사진흥기금 창작공연활성화 사후지원 KUM DANCE COMPANY 정기공연 〈그 한여름〉
10. 30. 예술의전당 토월극장

• 2005. 12. 서울문화재단 무대공연작품 제작지원선정작 KUM DANCE COMPANY 정기공연 〈축제〉
12. 20. 리틀엔젤스 예술회관

• 2006. 02. 해외공연 한국문화예술위원회주최 문예 진흥기금 해외교류지원사업 〈Korean Dance and sound Spectacular(한양의 춤, 그리고 신명)〉
02. 25. 호주 The Empire Theartre

• 2006. 06. KUM DANCE COMPANY 기획공연 묵간8번째 〈자연〉
06. 03. 창무포스트극장

• 2006. 09. 한국문화예술위원회 장애인문화예술진흥원 〈마주보기〉

• 2006. 09. 테마가 있는 예술무대 Ⅱ 별밤 속에 펼쳐지는 추으로의 여행 2 〈단오풍정〉
09. 26. 세종문화회관 야외무대

• 2006. 10. 2006 충북 젊은 춤작가 Festival
10. 16. 청주예술의전당 대공연장

• 2006. 11. 홍천군주최 최승희 춤축제 〈뒷풀이(사물+신명춤)〉
11. 15. 홍천문화예술회관

• 2006. 12. 신인안무가전 〈손대지마시오〉

• 2007. 02. 〈Sound of Korean Traditional Dance〉
02. 23. 미국 University of Oregon 초청 강습 및 공연

• 2007. 04. 대한무용학회주최 춤으로 푸는 고전 〈만가〉
04. 28.~29. 아르코예술극장 대극장

• 2007. 05. 신인안무가전 넥스트 〈품 Ⅱ〉
M극장

• 2007. 06. 국제무용협회주최 서울 국제즉흥춤축제
　〈릴레이그룹즉흥〉

• 2007. 08. 한국무용학회주최 한국무용제전〈푸리 Ⅱ〉
　08. 23. 국립국악원예악당

• 2007. 11. KUM DANCE COMPANY 기획공연 묵간
　9〈인간과 그림자〉
　11. 24.~25.M극장

• 2007. 12. KUM DANCE COMPANY 주최 지제욱의
　춤〈세 여자의 맛있는 식탁〉
　12. 08.~09. M극장

• 2008. 03. 떠오르는 안무가전〈취(醉)〉
　03. 05.~06. M극장

• 2008. 03. 우리 춤의 어제와 오늘〈동동(銅冬) 2〉
　03. 13. 인천종합문화예술회관 소공연장

• 2008. 03. KUM DANCE COMPANY 주최 김신아의
　춤〈i confess〉
　03. 17.~18. M극장

• 2008. 04. 춤과 의식전〈가싯길〉
　04. 05.~06. M극장

• 2008. 04. 대한무용학회주최 춤으로 푸는 고전〈목어
　(木魚) – 독백〉
　04. 14. 한전아트센터

• 2008. 05. 국제무용협회주최 서울 국제 즉흥 춤 축제
　〈막간즉흥〉
　05. 23. M극장

• 2008. 05. M극장 개관공연〈동동〉
　05. 25.~26. M극장

• 2008. 06. 서울시 문화관광부주최 hi seoul festival
　〈hi seoul showcase〉

• 2008. 08. 대전시립무용단초청공연〈한여름 밤의 댄
　스페스티벌〉
　08. 09. 대전 시립미술관 분수대

• 2008. 08. 무용문화포럼이 선정한 8인의 무용가〈검
　은 품〉
　08. 23. 국립극장 달오름극장

• 2008. 08. KUM DANCE COMPANY 기획공연 묵간
　10주년〈思色〉
　08. 31. 동랑아트센터

• 2008. 11. 문예진흥기금예술 창작지원 선정작 kum
    dance company 15주년 기념공연 〈2008 누구
    라도 그러하듯이〉
    11. 13. 예술의전당 예악당

• 2009. 03. 2009 떠오르는 안무가전 〈하늘바라기〉
    03. 14.~15. M극장

• 2009. 04. 2009 신인안무가전 넥스트 Ⅱ 〈열한손가락〉
    04. 18.~19. M극장

• 2009. 06. 우리춤의 길을 묻다 〈하늘바라기〉
    06. 20.~21. M극장

• 2009. 12. KUM DANCE COMPANY 기획공연
    〈묵간11間〉
    12. 09.~10. M극장

• 2010. 03. 2010 떠오르는 안무가전 〈녀즈 - 두 번째
    이야기〉
    03. 13.~14. M극장

• 2010. 05. 한국무용제전 〈신화상생〉
    05. 22. 국립국악원 예악당

• 2010. 06. 무용페스티발 차세대안무가전 〈무아경〉

06. 22. 대전연정국악문화회관

• 2010. 07. 2010 노원댄스시리즈 〈숨〉
    07. 16.~17. 노원예술문화회관 대극장

• 2010. 09. 전쟁60주년 서울수복 및 국군의 날 행사
    09. 28. 경복궁 야외상설무대

• 2010. 12. KUM DANCE COMPANY 기획공연 〈묵간
    12 충돌〉
    12. 11.~12. M극장

• 2010. 12. 2010 베스트 춤 레퍼토리 〈두 번째 - 녀즈〉
    12. 20.~21. M극장

• 2011. 03. 2011 무용문화포럼이 선정한 안무가 시리
    즈 Ⅰ 〈녀즈 - 작은 이야기〉
    03. 17. 두리춤터

• 2011. 03. 2011 떠오르는 안무가전 〈관념이 고장 난
    상태〉
    03. 26.~27. M극장

• 2011. 04. 제25회 한국무용제전 〈봄이 슬프다〉
    04. 25. 아르코예술극장 소극장

• 2011. 05. 2011 신진안무가NEXT 〈곁에 또 곁에〉
　　05. 07~08 pM극장

• 2011. 05. M극장 개관5주년 기념 공연 〈두 번째 –
　　녀즈'〉
　　05. 28. M극장

• 2011. 06. 의정부예술의전당이 선정한 이 시대의 우
　　리춤 〈녀즈: 두 번째 이야기〉
　　06. 23. 의정부예술의전당 소극장

• 2011. 07. 설봉산 별빛축제 공연
　　07. 16. 설봉공원 야외 대공연장

• 2011. 08. 해외공연 〈41° FESTIVAL MONDIALE DEL
　　FOLKLORE〉
　　08. 25.~28. Italy Gorizia Piazza C.Battisti

• 2011. 10. 이천 도자기축제 야외공연
　　10. 01. 설봉공원 야외 대공연장

• 2011. 10. 2011 문화나눔 행복서울 재능나눔 봉사단
　　공연
　　10. 12. 종로종합사회복지관

• 2011. 10. 2011 서울 댄스 플랫폼

　　10. 14. M극장

• 2011. 11. 2011 문화나눔 행복서울 재능나눔 봉사단
　　공연
　　11. 09. 강북데이케어센터
　　11. 16. 성동노인종합복지관
　　11. 25. 중랑구 신내노인요양
　　11. 30. 가양7종합사회복지관

• 2011. 12. KUM DANCE COMPANY 기획공연 〈묵간
　　13 美칠〉
　　12. 03. M극장

• 2012. 03. 제13회 드림 앤 비전 댄스 페스티벌 〈말 한
　　마디 Ⅱ – 말 이야기〉
　　03. 29.~30. 포스트 극장

• 2012. 04. 우리 시대 춤과 의식전 〈누옥〉
　　04. 14.~15. M극장

• 2012. 04. 2012 스프링시즌 M극장 기획공연시리즈Ⅲ
　　신진안무가 next 〈방문 – 객〉
　　04. 28.~29. M극장

• 2012. 06. 춤으로 푸는 고전 〈연의 노래〉
　　06. 06 서강대학교 메리홀

- 2012. 10. 2012 서울문화재단 예술창작지원사업 선정
  작 〈신화상생 – 두 번째 이야기〉
  10. 28. 강동아트센터대극장

- 2012. 12. 서울문화재단 주관 2012 꿈꾸는 청춘예술
  대학 합동수료식
  12. 12. 남산국악당

- 2012. 12. KUM DANCE COMPANY 기획공연 〈묵간
  14 1984 Time Race〉
  12. 20. 성암아트홀

- 2013. 03. 터키 – 한국 도예초대전 '전통과 변화' 〈비
  단꽃향기와 부채춤〉
  03. 13. 한양대 박물관

- 2013. 04. M극장 기획 떠오르는 안무가전 〈그러니 사
  람이어라〉
  04. 06.~07. M극장

- 2013. 08. KUM DANCE COMPANY 기획공연 〈묵간
  15 KUM〉
  08. 17. 강동아트센터

- 2013. 09. 우리시대 춤과 의식전 〈참긴말 Ⅱ〉
  09. 28.~29. M극장

- 2013. 11. 김운미무용단 20주년기념 〈2013 신화상생〉
  11. 9. 호암아트홀

- 2013. 12. 제2회 한양대학교 무용학박사 현대 춤 연구
  〈Red Symphony〉
  12. 06 강동아트센터 소극장 드림

- 2014. 04. 2014 M Spring Seasons기획공연 떠오르는
  안무가전 〈사시 – 3days〉
  04. 05.~06. M극장

- 2014. 06. 〈MUJER〉
  06. 21.~22 M극장

- 2014. 09. 28th 현대춤 NEW GENERATION
  FESTIVAL 〈Burn Me Out〉
  09. 13. 서강대 메리홀

- 2014. 10. 2014 Korean Cultural Festival to
  Celebrate the G20 Summit
  10. 04. Brisbane City Hall

- 2014. 10. KUM DANCE COMPANY 기획공연 〈묵간
  16 FOREST〉
  10. 18. M극장

• 2014. 10. 한국미래춤협회 안무가전 〈동상이몽(同床異夢) - 이중적고찰 Ⅱ〉
　　　　10. 30. 성암아트홀

• 2014. 11. SCF 서울국제안무페스티벌 〈Red Symphony〉
　　　　11. 28. 대학로예술극장 대극장

• 2015. 07. KUM DANCE COMPANY 기획공연 〈묵간 17 시간의 역사〉
　　　　07. 03. 예술의전당 자유소극장

• 2015. 07. 2015 크리틱스초이스 〈결혼〉
　　　　07. 06.~07. 아르코예술극장 대극장

• 2015. 09. 광복 70주년 기념공연 〈축제 70〉
　　　　09. 10.~11. 국립중앙박물관 극장 용

• 2016. 05. KUM DANCE COMPANY 기획공연 〈묵간 18 가무(歌舞)〉
　　　　05. 14. 아르코예술극장 소극장

• 2016. 10. M극장 개관 10주년 기념 신진안무가 NEXT1 〈담묵(談默)〉
　　　　10. 01.~02. M극장

• 2016. 10. M극장 개관 10주년 기념 - 이슈와 포커스 〈Harmony - 연(緣)〉
　　　　10. 15.~16. M극장

• 2016. 11. 해외공연 〈Delight of Korea〉
　　　　11. 26. 영국 브래드퍼드 칼라상암 (kalasangam)

• 2017. 08. 춘천아트페스티벌 〈참긴말 ver.4〉
　　　　08. 08. 축제극장몸짓

• 2017. 09. 제26회 전국무용제 〈Blaze up〉
　　　　09. 14. 울산문화예술회관 대강당

• 2017. 09. 2017 현대춤 NEW GENERATION FESTIVAL 〈놀음, 남성야류(男性野流)〉
　　　　09. 16. 서강대학교 메리홀 대극장

• 2017. 10. 김운용컵 국제오픈태권도대회 오프닝 공연 〈울림 - 그 꽃잎들의 향연〉
　　　　10. 28. 한양대학교 올림픽체육관

• 2017. 11. Imagine Dance Project 사이동동 〈앙상블〉, 〈동동〉
　　　　11. 11. M극장

• 2017. 11. 36.5 Destin Dance Project Our KARMA 〈Our KARMA〉, 〈하(賀)mony ver.3〉
   11. 21.~22. SAC아트홀

• 2017. 11. 2017 SCF 서울국제안무페스티벌 〈참긴말〉
   11. 29. 아르코예술극장 소극장

• 2017. 12. KUM DANCE COMPANY 기획공연 〈묵간 19 함 Story Box〉
   12. 20.~22. M극장

• 2018. 01. KBS국악한마당 〈입춤〉(정명숙류), 〈태평무〉(한영숙류)
   01. 15.(촬영) 01. 20.(방송) KBS전주

• 2018. 01. 내일을 여는 춤 〈코리안 블루스〉
   01. 23.~24. 포스트극장

• 2018. 04. 32th 한국무용제전 〈공동체〉
   04. 25. 아르코 예술극장 대극장

• 2018. 06. 창작산실 라이징 코레어그라퍼스 〈유쾌한 비탄〉
   06. 01. 포스트극장

• 2018. 10. 창작산실 Ⅱ 라이징 코레어그라퍼스 〈유쾌

한 비탄〉
   10. 16. 포스트극장

• 2018. 12. 묵간 20th 〈흰옷〉
   12. 13./15. 플랫폼엘 컨템포러리 아트센터

• 2019. 04. 33rd 한국무용제전 개막식 〈공동체〉
   04. 10. 아르코 예술극장 대극장

• 2019. 07. 묵간 21th 〈울림〉
   07. 06.~07. 예술의전당 자유소극장

• 2020. 07. 묵간 22th 〈NAME〉
   07. 16. M극장

• 2020. 11. 제41회 서울무용제 〈집 속의 집〉
   11. 15. 아르코예술극장 대극장

• 2021. 08. 〈집 속의 집, 두 번째 이야기〉
   08. 27. 세종문화회관 대극장

• 2021. 10. 공감시대 - 무용, 이 시대의 춤꾼 〈White Sound〉
   10. 27. 국립국악원 풍류사랑방

• 2021. 11. LINK - ING 공(共)성장형 창작지원사업

LINK 〈붉은 방: THE RED ROOM〉

11. 13. 서교예술실험센터

• 2021. 12. 묵간 23th 〈KUM〉

12. 05. 서강대학교 메리홀 대극장

정년을 맞는 김운미에게 친구 권미선이 전하는 사진. ⓒ 성형주

金雲美

부록 : 김운미,

60년 춤의 발자취

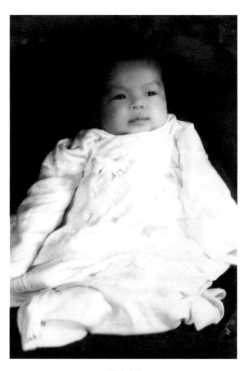

백일사진

창경원

4살 때

유모

초등학교(1학년)

WELCOME
MR & MRS. KISSAM

5살(김운미,김은희)

한국춤, 60년 춤의 궤적

선화 어린이무용단 초대 멤버로 충남지부 특상 수상

초등학교 시절

리틀엔젤스 조성숙 단장

선화초등학교(2학년)

김포공항(미국 공연 출국)

이미라무용단(가운데, 중앙)

대전여중

독립기념관

한 국 춤 , 6 0 년 춤 의 궤 적

작은별무용단(활동 후 대전)

농악(우승기 수여식)

농악(초등학교 시절)

농악(출전팀)

파조 선생님

광복 20주년(초등 5)

조광자 선생님

부채춤(이미라류)

초등학교(5학년)

대전여중 졸업식

대전여고(정경옥)

대전여고

부처님 오신 날

유네스코 수상

대전여고

승무(한영숙류)

독립기념관

스페인 춤

한양대(1학년)

대학 시절(여동생)

한양대

한양대무용과(체육대회)

대학 시절

대학 시절(김화숙,전희정,김운미,문치빈)

한양대 졸업(사은회)

어머니 예술문화상

대학졸업사은회(김복희, 김옥진 교수)

대학 졸업식(수석)

대학 졸업식(부군)

대학 졸업식(김옥진 교수님)

대학 졸업식(이학래 교수님)

대학 졸업식

대학 졸업식

대학 졸업식

1981년 5월 공연

신화상생 2(2012, 강동아트센터)

PAF 수상(김태원 평론가)

승무 이수공연(김정녀,김명자,김운미)

한양대 체육대학장 시절(이규정, 서연수)

온달(아르코예술극장)

온달(아르코예술극장)